LE PEINTRE GRAVEUR.

PAR
ADAM BARTSCH.

DIXIÈME VOLUME.

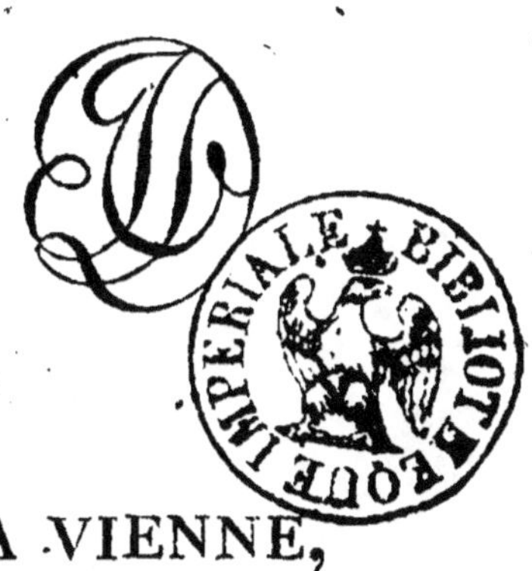

A VIENNE,

DE L'IMPRIMERIE DE J. V. DEGEN.

LIBRAIRE, PLACE ST. MICHEL.

1808.

ESTAMPES

DU
QUINZIÈME SIÈCLE.

LES
VIEUX
MAITRES
ALLEMANDS.

CINQUIÈME PARTIE.

ESTAMPES
ORIGINALES

GRAVÉES PAR LES

VIEUX MAITRES

ALLEMANDS

ANONYMES,

DEPUIS L'ORIGINE DE LA GRAVURE JUSQUE
A LA FIN DU SEIZIÈME SIÈCLE.

AVANT-PROPOS.

Les estampes dont nous offrons ici le détail, ont été gravées par de vieux maîtres
allemands qui, suivant notre opinion, ont
vécu au quinzième siècle. Il y en a quelques unes, dans lesquelles plusieurs auteurs ont voulu voir une vétusté qui ex-
céderoit celle des ouvrages de nos graveurs
les plus anciens que l'on connoisse. C'est
le dessein ignoble et grossier, le burin
maigre et roide, en un mot l'exécution
bizarre et gothique répandue dans ces
morceaux sur quoi ces auteurs ont cru
pouvoir fonder leur opinion; mais, oubliant
de distinguer l'art de graver des planches,
de l'invention du procédé d'en tirer des

épreuves, ils semblent n'avoir pas fait refléxion, qu'on a pu avoir gravé de très belles planches, sans tomber sur l'idée de les imprimer, et que l'auteur des planches le plus mal-adroitement gravées auroit pu avoir le mérite d'être l'inventeur de l'impression des estampes. Il y a eu des orfévres dans les temps les plus réculés. Les uns étoient très habiles dans l'art de graver sur métal, les autres ne l'étoient pas, par conséquent la conclusion, qu'une estampe, par la seule raison qu'elle est mal exécutée, 'doit aussi être très ancienne, ne peut avoir lieu en aucune manière.

C'est ce bouleversement d'idées qui a porté *Heinecke* (Idée générale. Page 218 etc.) à ne pas attribuer l'art de produire des estampes à *Martin Schongauer*. Ayant trouvé trop de pratique dans les ouvrages du burin de ce maître, il en conclùt,

qu'il devoit avoir eu un dévancier dans
cet art; comme si *Schongauer* n'avoit pas
pu trouver le procédé d'imprimer des estampes, après avoir déjà atteint une grande perfection dans la gravure des planches. Nous ne croyons pas non plus *Martin Schongauer* le premier auteur des estampes, mais, en opposition diamètrale
aux raisons de *Heinecke*, la pratique presque également répandue dans toutes les
estampes de *Schongauer* nous donne la
conviction, qu'il a été déjà graveur très
exercé, avant qu'il ait appris la nouvelle
invention de tirer des épreuves.

Suivant une manière de conclure pa-
reille à celle de *Heinecke*, Mr. de *Murr*
(Journ. T. II. p. 193) déclare pour la première et la plus ancienne estampe, celle
Nr. 9 de la I Section de ce catalogue, et
pour à peu-près aussi anciennes, les trois

pièces 5, 6 et 7 de la III. Section, par la seule raison qu'il y regne un mauvais goût gothique et qu'elles sont gravées d'un burin maigre et sentant l'orfévre. Ces mêmes auteurs attribuent encore une vétusté singulière à plusieurs autres anciennes estampes anonymes, sans en donner des raisons mieux fondées, et ils hasardent en ces occassions différentes conjectures qui, loin de dissiper le brouillard dans lequel l'histoire de l'origine des estampes est enveloppée, servent plutôt à en augmenter les doutes, et à en grossir les erreurs.

On sait aujourd'hui avec certitude, que l'art d'imprimer des estampes a été inventé en Italie, et que c'est *Maso Finiguerra*, célèbre orfévre à Florence qui, le premier, a produit une estampe vers l'an 1452. *(Zani* Materiali.) Encore avant que Mr.

l'abbé *Zani* nous ait exposé ce fait, *Vasa-*
ri nous avoit déjà appris, que l'art d'imprimer les estampes appartenoit à l'Italie,
et que *Finiguerra* en étoit l'inventeur. On
n'a jamais eu quelque preuve valable d'attribuer cette invention aux allemands, et
on ne l'aura pas, tant qu'on ne pourra
produire une.estampe de quelque graveur
allemand qui soit plus ancienne que celle
gravée par *Finiguerra* vers 1452, ou du
moins, tant qu'on ne trouvera pas des do-
cumens et des temoignages historiques,
propres à réfuter les faits rapportés par
Vasari et par *Zani*, ou du moins à les
contrebalancer.

Mr. de *Murr*, il est vrai, cite une suite
de onze estampes d'une passion qui au-
roient été gravées en 1440; mais il ne
connoît ces estampes que par une spéci-
fication écrite très tard, savoir en 1618

par un nommé *Paul Beham* qui peut bien s'être trompé. Mr. de *Murr* n'a pas vu ces estampes, et pas un seul autre mortel, ni avant ni après lui, ne les a pas vues non plus, ni même entendues nommer. Il semble qu'il en est de ces estampes comme de certains livres infiniment rares, qui sont cités par tous les bibliographes, qu'aucun cependant n'a jamais rencontrés, et dont on commence peu-à-peu à se persuader qu'ils n'ont jamais existé.

Finiguerra a-t-il gardé pendant quelques années le secret de sa découverte, ou l'a-t-il communiqué sans délai à d'autres artistes? L'un de ceux-ci a-t-il transplanté le nouvel art de l'Italie en Allemagne, et en quelle partie de ce grand empire? Ou bien, quelque orfévre allemand, après avoir examiné une telle estampe italienne, est-il tombé de lui-même sur le secret du

procédé ? Enfin quel a été cet orfévre ? —
Voilà des questions sur lesquelles on ne
sait absolument que répondre.

La date la plus ancienne que l'on ait
trouvée jusqu'à présent sur des estampes
allemandes, est celle de l'année 1466 marquée sur des pièces du *graveur de l'an* 1466,
(au monogramme Nr. 81.) Nous ignorons,
si c'est déjà avant l'an 1466, que ce même
maître a gravé plusieurs des pièces qui
sont sans aucune date, mais dont les unes
portent son chiffre, et dont les autres
sont reconnues être de lui. De même on
ne sauroit déterminer, si parmi les pièces
anonymes dont nous présentons ici le
catalogue à nos lecteurs, il n'y en a peut-
être l'une ou l'autre dont l'auteur auroit
dévancé le *graveur de l'an* 1466 ; mais nous
pouvons soutenir avec certitude, que ce
graveur de l'an 1466 est, de tous les gra-

veurs, allemands, le plus ancien que l'on connoisse, et nous pouvons admettre comme presque certain, qu'il a précédé *Martin Schongauer* et tous les autres graveurs allemands dont nous avons plus ou moins de notices.

I. SUJETS DE LA BIBLE.

1. *Salomon adorant une idole.*

A la gauche de l'estampe, Salomon un genou en terre et les deux mains jointes, adore une idole placée au sommet d'une colonne qui s'élève au milieu de l'estampe. Vers la droite est debout une femme mettant sa main droite sur l'épaule gauche du roi, comme pour l'encourager à l'idolâtrie. Derrière cette femme, vers le fond, se repose un petit chien-lion. L'idole est une figure d'homme couvert d'un manteau, tenant une couronne de la main gauche, et de l'autre un sceptre. Au bas de l'idole est écrit: O VERE. T. Pièce ronde.

Diamètre: 5 p. 7 lig.

2. *L'annonciation.*

La Vierge est à genoux au milieu de l'estampe, près d'une espèce d'autel ménagé au bas d'une fenêtre qui est à droite. Au milieu de l'autel on voit un livre ouvert entre deux chandeliers. L'ange Gabriel, entrant par la porte qui est dans le fond à gauche, tient de ses deux mains une banderole où est écrit: *aue gratia.*

Hauteur: 5 p. 6 lignes? Largeur: 4 p. 1 lig.

! 3. *La visitation.*

S. Elisabeth et S. Zacharie recevant à la porte de leur maison, qui se voit à la droite de l'estampe, la Sainte Vierge qui vient leur rendre visite. On voit dans le fond à gauche S. Joseph arrivant par une porte pratiquée dans un mur surmonté de crénaux. Ce morceau est gravé d'une taille extrêmement délicate, par un maître très habile.

Hauteur: 5 p. 2 lig. Largeur: 4 p. 3 lig.

4. *La nativité.*

A la gauche de l'estampe, la Vierge à genoux adore l'enfant Jésus étendu à terre sur un drap. Au delà de l'enfant se voient beaucoup d'anges à genoux qui l'adorent. Le boeuf et l'âne paroissent dans le fond à gauche; et de l'autre côté, à travers de la porte d'un édifice, on remarque deux pasteurs dont l'un joue de la cornemuse.

Hauteur: 3 p. 10 lig. Largeur: 2 p. 9 lig.

5. *L'adoration des Mages.*

A la droite de l'estampe, la Vierge couchée sur un lit, a entre les bras l'enfant Jésus qui reçoit une espèce de cassette des mains d'un des rois qui est à genoux près du lit, au milieu de l'estampe. Les deux autres rois sont debout derrière lui, à la gauche de la planche. Sur le devant à droite, S. Joseph tenant un bâton de la main gauche, et un chapelet de l'autre, est assis sur un petit banc. On voit vers le fond de ce même côté, près du lit, une femme tenant un vase de ses deux mains; au delà d'elle paroissent l'âne et le boeuf dont on ne voit que les têtes. Dans le fond à gauche on remarque un pâtre et quelques moutons. Le lointain de ce même côté offre la vue de Bethléem. Le devant de ce morceau est carrelé.

Hauteur : 6 p. Largeur par en bas : 5 p. 4 lig. par en haut : 5 p.

Ce morceau porte l'empreinte de la plus grande antiquité.

6. *Jésus Christ à la montagne des olives.*

Au milieu de l'estampe Jésus Christ prie à genoux et les mains croisées sur la poitrine. Le jardin des olives est environné d'une haie fermée par une porte qui vient occuper le milieu. Les trois disciples dorment assis à terre à gauche. Le calice d'où sort une petite croix, est placé sur un rocher, au delà des trois disciples. Les juifs portant différentes armes, se voient dans le fond, hors de la haie, répandus sur toute la largeur de l'estampe.

Hauteur: 4 p. 11 lig. Largeur: 4 p. 8 lig.

7. *Jésus Christ présenté au peuple.*

Jésus Christ accompagné d'un grand nombre d'hommes armés, se voit au milieu de l'estampe, sur un balcon au bas duquel le peuple, qui demande sa mort, est assemblé. On remarque sur le devant à droite deux hommes dont l'un tient un bâton monté d'une espèce de couperet, et l'autre est armé d'un glaive qu'il tient de ses deux mains, la pointe portant à terre.

Hauteur: 10 p. 7 lig. Largeur: 7 p. 7 lig.

8. *Le portement de croix.*

Jésus Christ tombant sous le poids de la croix. Il est dirigé vers la gauche. Des deux juifs qui l'accompagnent, l'un le pousse

avec un bâton, l'autre, au milieu de l'estampe, frappe avec une corde contre S. Jean
qui soutient la Vierge tombant en défaillance.

Largeur: 4 p. 5 lig. Hauteur: 4 p. 3 lig.

Heincke a attribué ce morceau à *Martin
Schongauer;* mais sans fondement.

9. *Les juifs attachant J. C. à la croix.*

Jésus Christ est étendu sur la croix appuyée par le haut contre un rocher peu
élevé, au delà duquel se voient deux bourreaux. L'un deux, à la droite de l'estampe,
attache la main gauche du Christ par un
clou qu'il enfonce avec un grand marteau;
l'autre élève le bras droit du Sauveur avec
une corde; un troisième bourreau, sur le
devant à gauche, fait un trou avec un grand
vilebrequin à la partie basse de la croix
pour y attacher les pieds du Christ. Un
quatrième enfin, qui est assis à terre au
milieu du devant, raccommode de grands
cloux sur une enclume.

Hauteur: 6 p. 2 lig. Largeur: 4 p. 2 lig.

Cette estampe est aussi mal dessinée
qu'elle est séchement gravée. C'est suivant
toute apparence celle, que Mr. *de Murr* dé-

clare être la plus ancienne qui ait été gravée en Allemagne. (Journal de l'histoire
des Arts etc. T. II. p. 193.)

10. *Jésus Christ attaché à la croix.*
Le Christ est au milieu de l'estampe. A gauche sont debout S. Jean et la Vierge. Cette
dernière est vue de profil, et tenant les
mains jointes et élevées. A droite se voit
Nicodème ainsi que le centenier qui tient
une banderole, où est écrit: *vere filius dei
erat iste.*
Hauteur: 3 p. 2 lignes? Largeur: 2 p. 4 lig.

11. *Jésus Christ attaché à la croix.*
Jésus Christ attaché à la croix est au milieu de l'estampe. Au pied de la croix, à
gauche, est la Vierge debout ayant les
mains jointes et élevées. A droite, on voit
S. Jean, ayant l'épaule droite couverte d'un
large manteau dont une partie pend sur ses
deux mains qu'il tient croisées devant lui.
Hauteur: 3 p. 5 lig. Largeur: 2 p. 6 lig.

12. *Jésus Christ attaché à la croix.*
Il occupe le milieu de l'estampe. A gauche est debout la Vierge levant la main

gauche enveloppée de son manteau, comme pour s'essuyer les larmes. St. Jean debout à droite, tient un livre de sa main gauche.

Hauteur: 3 p. 9 lig. Largeur: 2 p. 7 lig.

13. *Jésus Christ attaché à la croix.*

Le Christ est au milieu de l'estampe. A gauche, St. Jean soutient la Vierge qui tombe en défaillance. On voit derrière ce groupe deux autres saintes femmes qui expriment leur douleur. La Madelaine est à genoux au bas de la croix qu'elle embrasse. A droite, Nicodème, coiffé d'un turban, montre de sa main gauche élevée le Christ à deux soldats dont l'un, armé de toutes pièces, est vu par le dos.

Hauteur: 8 p. 1 ligne? Largeur: 5 p. 6 lignes?

Ce morceau est gravé d'un burin extrêmement sec. Il est dessiné dans le goût des vieux maîtres allemands; mais nous n'osons pas soutenir avec certitude, que le graveur soit aussi ancien. Cette estampe pourroit bien n'être qu'une copie exécutée par quelque graveur de la fin du XVI siècle, d'après une estampe ou un dessein d'un vieux maître.

14. *Jésus Christ mis au tombeau.*

Quatre disciples mettant le corps de Jésus Christ dans le tombeau. Le premier, à gauche, le soutient par la tête; le second, à droite, le porte par les jambes. Ces deux disciples sont en dedans du tombeau; les deux autres, en dehors, le portent par les côtés. A gauche sont debout deux femmes dont une essuye ses larmes, ainsi que S. Jean soutenant la Vierge qui se penche sur le tombeau, pour baiser le corps de Jésus Christ. Au côté droit du fond s'élèvent trois arbres entourés d'une haie.

Largeur: 4 p. 9 lignes? Hauteur: 4 p. 6 lignes?

Ce morceau est très mal dessiné et aussi mal gravé. Il paroit être une production de quelque orfévre très ancien.

15. *Jésus Christ mis au tombeau.*

Deux disciples soutiennent le corps de Jésus Christ pour le mettre dans le tombeau. L'un, à droite, le porte par les aisselles, l'autre, à gauche, par les pieds. La Vierge, S. Jean et trois saintes femmes sont debout vers la gauche, au delà du tombeau. La Madelaine est à genoux au milieu du devant. La couronne d'épines et trois

grands cloux se voient à terre au devant
de la droite. Le fond offre le calvaire, où
l'on remarque la croix contre laquelle est
appuyée une échelle.

Hauteur : 6 p. 1 0 lig. Largeur : 4 p. 1 1 lig.

16. *Jésus Christ et la Samaritaine.*

Jésus Christ s'entretenant avec la Samaritaine près du puits. Jésus est debout à
la droite de l'estampe, relevant son habit
de la main gauche, et de l'autre faisant un
geste. La femme samaritaine est debout
vis-à-vis de lui, à la gauche de l'estampe.
Elle parle à Jésus, en faisant un geste de
la main droite, et de l'autre tenant un grand
pot par une de ses deux anses. Dans le fond
de ce même côté, on voit arriver deux disciples dont l'un porte du pain, l'autre un
plat avec des poissons. Le lointain à gauche
offre la vue de la ville de Sichar, et à droite s'élève un rocher escarpé.

Hauteur : 5 pouces? Largeur : 3 p. 1 1 lignes?

II. VIERGES, SAINTS ET AUTRES SUJETS PIEUX.

VIERGES.

1. *La Vierge avec l'enfant Jésus, accompagnée d'un ange.*

La Vierge assise sur une butte. Elle est vue de trois quarts et dirigée vers la droite. Sa tête est ornée d'une couronne royale. Elle tient de ses deux mains l'enfant Jésus qu'elle a sur ses genoux. Un ange adorant à genoux et les mains jointes et élevées, se voit à droite, vers le fond.

Hauteur : 2 p. 9 lig. Largeur ; 2 p. 3 lig.

2. *La Vierge avec l'enfant Jésus, à mi-corps.*

La Vierge à mi-corps, ayant l'enfant Jésus sur le bras droit, et tenant une fleur de la main gauche. Elle est placée sous une espèce de baldaquin dont les rideaux sont soutenus par deux anges placés l'un à la gauche, l'autre à la droite de l'estampe. Pièce ronde d'un très mauvais dessein, et gravée d'un burin grossier et roide.

Diamètre : 2 p. 9 lig.

3. *La Vierge debout.*

La Vierge debout sur le croissant. Elle est vue presque de face, mais tournée un peu vers la gauche. Elle soutient de sa main gauche l'enfant Jésus qu'elle porte sur le bras droit. La tête est entourée d'une auréole qui est hérissée de rayons d'étoiles; et toute sa personne est environnée de flammes, et renfermée dans un ovale qui s'unit au bas avec le croissant, et qui en haut est coupé par le trait dont la planche est bordée. Ce morceau est d'un dessein médiocre et d'une taille un peu roide.

Hauteur : 3 p. 4 lig. Largeur : 2 p. 3 lig.

4. *La Vierge avec l'enfant Jésus.*

La Vierge à mi-corps sur un croissant soutenu par deux anges, dont un à chaque côté du bas de l'estampe. Elle a sur le bras gauche l'enfant Jésus à qui elle présente la main droite. L'enfant a sa main droite élevée pour donner la bénédiction. Le haut de la planche est bordé d'un rinceau de goût gothique.

Hauteur: 3 p. 6 lignes? Largeur : 2 p. 5 lignes?

5. *La Vierge assise.*

La Vierge assise, donnant un baiser à l'enfant Jésus qu'elle tient de ses deux mains. Sa tête est surmontée d'une couronne et d'une auréole ornées de rinceaux d'orfévrerie. De pareils ornemens qui approchent de la forme de plumes de paon, sortent de la tête de l'enfant. L'habit de la Vierge est travaillé au maillet, ce que montrent les petits points fins qui forment les ombres. A gauche, un vase avec une plante de lis est placé sur le banc de gazon qui sert de siége à la Vierge.

Hauteur: 3 p. 6 lig. Largeur : 2 p. 10 lig.

6. *La Vierge debout.*

La Vierge debout sur le croissant. Elle est vue de trois quarts et tournée un peu vers la droite. Elle présente de la main droite une pomme à l'enfant Jésus qu'elle porte sur sa main gauche. Un soleil rayonnant l'entoure. Le terrain sur lequel elle se trouve, est carrelé. Pièce d'un mauvais goût, et mal gravée.

Hauteur: 3 p. 7 lig. Largeur : 2 p. 4 lig.

7. *La Vierge debout.*

La Vierge debout sur le croissant. Elle porte sur ses bras l'enfant Jésus qui tient le globe de la terre de la main droite, et lève l'autre vers le visage de sa mère, comme pour lui faire des caresses. La Vierge est entourée de rayons. Le terrain est couvert de gazon entremêlé de plantes, dont une qui est à droite, se fait remarquer par sa haute tige.

Hauteur : 3 p. 9 lig. Largeur : 2 p. 4 lig.

8. *La Vierge et l'enfant Jésus.*

La Vierge assise au milieu de l'estampe sur un terrain couvert de gazon et de plantes. Elle semble lire dans un livre qu'elle a dans la main gauche, tenant de l'autre l'enfant Jésus qui a une girouette dans sa main droite. Le terrain où la Vierge se trouve, est fermé dans le fond par un mur à hauteur d'appui, qui forme deux angles, et au delà duquel est la vue d'un pays montueux. On voit trois oiseaux dans le fond, et trois autres sur le devant à droite.

Hauteur : 3 p. 9 lig. Largeur : 2 p. 10 lig.

9. *La Vierge immaculée.*

La Vierge à mi-corps, vue de face, tenant sur ses deux mains l'enfant Jésus, qui met le bras droit autour du cou de sa mère, et tient une pomme de la main gauche. La Vierge qui a une couronne royale sur la tête, se trouve placée sur un grand croissant, et est entièrement environnée de rayons entremêlés de flammes. Dans la marge d'en bas est une inscription de cinq lignes : *Aue sanctissima Maria —— Sixtus pp. 4tus concessit undecim milia annorum pro qualibet vice.*

Hauteur : 5 p. 3 lig. La marge d'en bas : 10 lig. Largeur : 4 p. 1 lig.

10. *La S. Vierge.*

La Vierge vue de trois quarts, et tournée un peu vers la droite. Elle est debout sur le croissant, tenant un chapelet de ses deux mains. Sa tête est entourée d'une auréole, et son corps de rayons. Le bas de l'estampe offre un pavé carrelé.

Hauteur : 6 p. 8 lignes ? Largeur : 3 pouces ?

11. *La S. Vierge.*

La Vierge debout sur la partie convexe

d'un croissant. Elle a la tête ornée d'une couronne royale, et porte sur le bras gauche l'enfant Jésus, à qui elle présente une fleur de la main droite. Elle est entourée de quatre anges dont celui au haut de la gauche joue de la guitare, le second, à droite, de la harpe, le troisième, au bas de la gauche, porte la queue du manteau de la Vierge, et le quatrième, qui est à droite, tient une petite orgue.

Hauteur : 7 p. 2 lignes? Largeur : 5 pouces?

12. *La S. Vierge.*

La Vierge debout sur le croissant, vue de face et enveloppée d'un large manteau. Ses cheveux très longs lui tombent sur les épaules. Sa tête est ornée d'une couronne royale. Elle porte sur la main droite l'enfant Jésus qui est tout nud, et de l'autre lui présente une pomme. Le terrain est couvert de gazon et de différentes plantes, parmi lesquelles on en remarque deux à hautes tiges, dont l'une s'élève à gauche, l'autre à droite.

Hauteur : 7 p. 2 lig. Largeur : 5 p. 3 lig.

13. *La S. Vierge.*

La S. Vierge debout, ayant entre ses bras l'enfant Jésus qui tient une fleur de la main droite. A gauche on remarque un évêque à genoux, adorant le petit Jésus les mains jointes et élevées. Le fond présente une chambre. Dans une banderole au-dessus de l'évêque est écrit: *Jesu verbum summi patris. Serua seruos tue matris.* Dans la marge d'en haut on lit: *ludwicus abbas anno domini* 1477, et dans la marge d'en bas: *wolfgangus aurifaber.* Toutes ces inscriptions sont à rebours et exprimées en lettres gothiques.

Hauteur: 11 p. 4 lig. Largeur: 8 p. 6 lig.

La planche originale de cette pièce a été retrouvée à la fin du XVIII. siècle à Augsbourg. Les trous qui se voient autour de ses bords, montrent qu'elle a été fixée avec des cloux, peut-être sur la porte d'un tabernacle.

SAINTS.

14. *Les douze apôtres.*

Les douze apôtres, représentés assis, deux à deux dans des ronds d'un pouce, deux lignes de diamètre, qui sont rangés à trois sur une même planche, les uns à côté des autres.

Le premier rond, à gauche, présente S. Pierre et S. André.

Le second, S. Jacques le mineur et S. Philippe.

Le troisième, S. Thomas et S. Matthieu.

Le premier, à droite, offre S. Jacques le majeur, et S. Jean.

Le second, S. Judas Thaddée et S. Barthélemy.

Le troisième , S. Simon et S. Mathias.

. Hauteur : 4 p. 8 lig. Largeur : 2 p. 9 lig.

15-27. *Jésus Christ et les douze apôtres.*

Suite de treize estampes.

Hauteur : 3 p. Largeur : 2 p. 3 lig.

Ces figures sont debout sur un terrain plat et carré, représenté en perspective, c'est à dire, plus large au devant que vers le fond. Chaque apôtre porte son nom dans l'auréole qui entoure sa tête, et est de plus environné d'une banderole qui offre une formule du symbole des apôtres. Tout est écrit en lettres gothiques. La taille de ces estampes est très fine.

X. Vol.   B

15) *Jésus Christ.* Il est vu de face, donnant la bénédiction de la main droite, et de l'autre tenant le globe de la terre, surmonté d'une croix. A gauche est une banderole, où est écrit : *Ego sum via, veritas et vita.*

16) *S. Pierre.* Il est vu de face, tenant un livre ouvert de la main gauche, et de l'autre une grande clef. *Credo in deum patrem omnipotent. creatorem celi et terre.*

17) *S. André.* Il est vu de face, montrant de la main droite la croix qu'il soutient de la gauche. *Et in ihesum cristum filium eius vnicum, dominum nostrum.*

18) *S. Jacques le majeur.* Il est vu de face, tenant un bourdon de la main gauche, et portant l'autre vers sa ceinture. *Qui conseptus est de spiritu sancto, nati ex maria virgine.*

19) *S. Jean.* Il est vu presque de face et tourné un peu vers la gauche. Il exorcise de la main droite le démon sortant d'un calice qu'il tient de la gauche. *Passus sub poncio pilato, crusifixus, mortuus et sepultus.*

20) *S. Thomas.* Il est dirigé vers la droite, tenant un livre de la main gauche, et

de l'autre une équerre. *Dessendit ad
inferna, tercia die resurrexsit à mortuus.*

21) *S. Jacques le mineur.* Il est vu de face,
tenant une massue de la main gauche.
*Assendit ad celos, sedet ad dexteram dei
patris omnipotentis.*

22) *S. Philippe.* Il est de face, ayant la tête
tournée vers la droite. Il tient un livre
ouvert de la main gauche, et de l'autre
porte un bâton surmonté d'une croix:
*Inde venturus est iudicare viuos et mor-
tuos.*

23) *S. Barthélemy.* Il est vu de profil, dirigé vers la gauche. Il tient un couperet de la main droite, et de l'autre relève un pan de son manteau. *Credo in
spiritum sanctum.*

24) *S. Matthieu.* Il est vu de trois quarts,
et tourné un peu vers la gauche. Il
tient une hallebarde de la main gauche,
et de l'autre relève un pan de son manteau. *Sanctam ecclesiam catholicam, san-
ctorum communionem.*

25) *S. Simon.* Il dirige ses pas vers la droite,
et tient de la main gauche une grande
épée, dont la pointe porte à terre. *Re-
missionem peccatorum.*

26) *S. Judas Thaddée.* Il dirige ses pas vers la gauche, et tient unè scie de la main droite, tandisque de l'autre il relève un pan de son manteau. *Carnis resurrexsionem.*

27) *S. Mathias.* Il dirige ses pas vers la droite, tenant une hache de la main droite élevée. *Et in vitam eternam, amen.*

28-39. *Les douze apôtres, représentés assis.*
Suite de douze estampes.

Hauteur: 5 p. 4 à 5 lig. Largeur: 3 p. 6 à 8 lig.

28) *S. Pierre.* Il est assis sur une espèce de canapé, lisant dans un livre qu'il tient de la main gauche, ayant une grande clef dans l'autre. Cette estampe est une copie gravée en contre-partie par un maître anonyme du XV. siècle d'après l'estampe du graveur de l'an 1466. Voyez Nr. 73 de son oeuvre.

29) *S. André.* Il est assis sur un banc, tenant un livre de la main gauche, et de l'autre soutenant sa croix.

30) *S. Jacques le majeur.* Il est vu de trois quarts, et tourné vers la gauche. Il tient un bourdon de la main droite, et de l'autre un livre.

31) *S. Jean.* Il est assis dans une espèce de trône. Il exorcise de la main droite le démon qui, sous la forme d'un serpent, sort d'un calice qu'il tient de la gauche.

32) *S. Philippe.* Il est assis sur un siége de bois avec un dossier peu large. Il est vu de profil et tourné vers la gauche. Il tient de la main droite un bâton terminé en croix, et de l'autre un livre dans lequel il lit, avec des lunettes sur le nez.

33) *S. Barthélemy.* Il est assis sur une chaise de bois, vu presque par le dos et tourné vers la droite. Il tient un couperet de la main gauche, et de l'autre un livre dans lequel il lit.

34) *S. Thomas.* Il est assis sur un banc, vu de trois quarts et tourné vers la gauche. Il tient une lance de la main droite, et de l'autre fait un geste vers la terre.

35) *S. Judas Thaddée.* Il est assis sur un banc, vu de profil, tourné vers la droite, et vêtu en cordelier. Il tient un papier roulé de la main gauche, et de l'autre soutient une croix.

36) *S. Simon.* Il est assis sur un banc, vu

de face, tenant une scie de la main gauche, et de l'autre donnant la bénédiction.

37) *S. Jacques le mineur.* Il est assis sur
une espèce de piédestal, vu par le dos,
et tourné vers la droite. Sa tête est couverte d'un capuchon. Il tient une massue de la main droite, et a un livre
posé sur ses genoux.

38) *S. Paul.* Il est assis dans une espèce
de fauteuil, vu de profil, et tourné vers
la gauche. Il montre de la main droite
la grande épée qu'il tient de l'autre.

39) *S. Matthieu.* Il est assis sur une espèce
de siége de campagne. Son corps est
dirigé vers la droite, mais sa tête est
retournée vers la gauche. Il tient une
équerre de ses deux mains.

Ces douze morceaux paroissent avoir
été copiées sur des estampes du *graveur de l'an* 1466.

40. *L'ange Michel.*

S. Michel armé de toutes pièces, et
couvert d'un large manteau. Il soutient de
la main gauche un bouclier, et a l'autre
main armée d'une grande épée, avec la-

quelle il porte un coup au démon qu'il
vient de terrasser. Celui-ci se fait remarquer par un visage gigantesque qu'il a
sur le ventre. On distingue un autre démon, avec une tête de cochon, qui regarde de derrière le bouclier du Saint.
Le terrain est orné de quelques plantes.

Hauteur : 5 p. 1 lig. Largeur : 3 p. 5 lignes ?

41. *S. Jean dans le désert.*

Ce Saint est au milieu de l'estampe, un
genou en terre, ayant la main gauche
élevée, et de l'autre montrant l'agneau
de Dieu qui se repose à la gauche, sur une
petite colline couverte de gazon. A hauteur de l'épaule gauche du Saint est une
tablette où on lit : *Ecce agnus dei*, écrit
en lettres gothiques. Le fond offre un
pays montueux, garni d'arbres et de plantes, et animé par plusieurs oiseaux de
différentes espèces. On voit dans le lointain à gauche une montagne escarpée,
surmontée de quelques grands édifices.

Hauteur : 8 p. Largeur : 5 p. 3 lig.

42. *La décollation de S. Jean Baptiste.*

Au milieu du devant, le Saint décapité

tombe à terre. Le bourreau debout à droite, remet son glaive dans le fourreau. Dans le fond à gauche, marche d'un pas précipité Hérodiade suivie d'une servante qui porte la tète de S. Jean dans un plat.

Hauteur: 5 p. 3 lignes? Largeur 4 pouces?

43. *S. George.*

S. George tuant le dragon. Il a le genou droit sur le ventre du dragon terrassé, et lui porte un coup de sabre de la main gauche élevée, tandisqu'il s'efforce de lui arracher une lance que le dragon a dans la gueule, et qu'il brise avec sa patte droite. Le bout pointu de la lance se voit sous le dragon. Ce groupe ne repose sur aucun terrain, de manière qu'il paroît être en l'air.

Hauteur : 2 pouces? Largeur : 1 p. 7 lignes?

44. *S. George.*

Le Saint, armé de toutes pièces, se voit sur le devant à droite, allant au galop, et enfonçant sa lance dans la gueule du dragon qui est au devant de la gauche. La reine est debout vers le milieu du fond, au pied d'une montagne surmontée de quelques fabriques. On remarque vers le fond à gauche, dans un antre, un loup rongeant un cadavre. Ce morceau est mal dessiné et aussi mal gravé.

Largeur: 9 p. 11 lig. Hauteur: 6 p. 7 lig.

45. *S. Martin.*

Ce Saint est représenté à pied et de face. Il tient de la main gauche une grande épée, avec laquelle il coupe un morceau de son manteau. A ses pieds est un homme estropié des deux jambes, s'appuyant de la main gauche sur une petite béquille, et tenant une écuelle de l'autre qu'il lève. Un second pauvre estropié se voit derrière la jambe droite du Saint.

Hauteur: 8 p. 2 lig. Largeur: 4 p.

46. *S. Christophe.*

Le Saint est représenté portant l'enfant Jésus au passage d'une large rivière. Il s'appuye sur un bâton garni, en haut, de quatre crochets. A la gauche de l'estampe, l'Ermite avec la lanterne est au pied d'un tronc d'arbre creux. Le lointain offre la vue d'une ville. On voit quelques vaisseaux sur la rivière, et sur les bords plusieurs

figures qui sont toutes noires. Ce morceau est mal dessiné.

Largeur: 2 p. Hauteur: 1 p. 5 lig.

47. *S. Antoine l'Ermite.*

Il est debout et vu de face, tenant un
livre ouvert de la main droite, et de l'autre
un bâton terminé en une espèce de croix
où pend une clochette. Le cochon est aux
pieds du Saint, à la gauche de l'estampe·

Hauteur: 2 p. 11 lig. Largeur: 2 p.

48. *Le martyre de S. Erasme.*

Le Saint tout nud, mais ayant une mître
sur la tête, est étendu à terre sous une
espèce de moulinet, moyennant lequel
deux bourreaux lui tirent les entrailles
du ventre. Vers le fond à gauche est debout un roi tenant un sceptre de la main
gauche. Il est accompagné d'un valet. Ce
sujet est renfermé dans une espèce de portique. L'estampe qui est extrêmement mal
dessinée et mal gravée, semble être l'ouvrage de quelque ancien garçon orfèvre.
La planche existe encore à Nuremberg
dans le cabinet de *Silberrad. Mr. de Murr*

en a joint une épreuve au II. Tome de
son Journal, page 199.

Hauteur : 2 p. 8 lig. Largeur : 1 p. 10 lig.

49. *Le martyre de S. Sébastien.*

Le Saint est attaché à un arbre à la
gauche de l'estampe. A droite sont quatre bourreaux dont deux armés d'arbalètes,
les deux autres d'arcs. Un de ces derniers
qui occupe presque le milieu de l'estampe, semble insulter le martyr, en lui faisant des grimaces. Des deux qui sont armés d'arbalètes, l'un, vu par le dos, est
prêt à tirer, l'autre, vu de face, prend une
flèche de son carquois.

Largeur : 7 p. 8 lig. Hauteur : 5 p. 3 lig.

50. *Un S. Evêque.*

Il dirige ses pas vers la gauche, tenant
sa crosse et un petit marteau de la main
droite, et de l'autre un calice. Il est couvert d'un long manteau.

Hauteur : 3 p. 4 lig. Largeur : 2 p. 4 lig.

51. *Copie de la pièce précédente.*
Cette copie est faite en contre-partie

de la pièce précédente, par un ancien graveur.

Hauteur: 3 p. 6 lig. Largeur: 2 p. 5 lig.

Cette copie ne doit pas être confondue avec l'estampe Nr. 80 du graveur de l'an 1466 dont le détail peut se rapporter ici. Notre copie en diffère en ce que l'évêque est couvert d'un long manteau, tandisque dans l'estampe Nr. 80 il porte une chasuble; de plus, le terrain de la copie est fait de traits horizontaux, qui ne se croisent nulle-part, tandisque dans l'estampe Nr. 80 le terrain est couvert de traits diagonaux, qui se croisent à droite, et y forment une ombre portée.

52. *Un Saint portant une croix.*

Un Saint vêtu d'un habit de moine et ayant la tête couverte d'un bonnet haut. Il porte une croix de la forme de celle, où Jésus Christ a été attaché. Le gros de l'arbre de cette croix dépasse la poitrine du Saint qui y met sa main droite, tandisque de l'autre il soutient le bois de traverse qui repose sur son épaule. Le terrain est carrelé.

Hauteur: 4 p. 4 lignes? Largeur: 2 p. 8 lignes?

Nous ignorons, si ce Saint représente S. Judas Thaddée, à qui l'on donne ordinairement une croix pour attribut.

53. *Deux Saints.* 1491.

A la gauche de l'estampe est debout un Saint habillé en homme de condition, tenant une palme de la main gauche, et de l'autre un glaive dont la pointe porte à terre. Un chien est à ses pieds. A droite est pareillement debout un saint évêque, tenant sa crosse de la main gauche, et sur l'autre portant le modèle d'une église. A ses pieds se voit un évêque à genoux, dessiné de plus petite proportion, et un écusson d'armes sur lequel un lièvre est gravé. Au milieu d'en haut l'année 1491 est gravée à rebours. Pièce ronde.

Diamètre : 3 p. 5 lignes?

54. *S. Madelaine.*

Elle est debout, vêtue d'une large robe et dirigée vers la droite. Elle porte sa main droite sur le couvercle d'une boîte à onguent qu'elle a dans sa gauche.

Hauteur : 7 p. 6 lignes? Largeur : 4 pouces?

Quelques uns attribuent cette estampe à

M Schongauer. Elle approche de sa manière, cependant elle ne nous paroît pas être de lui. ,

55. *S. Marthe.*

Cette Sainte est debout, vue de face, tenant une cruche de la main gauche, et de l'autre portant un plat avec quelques raisins et un pain.

Hauteur : 8 p. Largeur : 5 p. 3 lig.

56. *Le martyre de S. Catherine.*

La Sainte est à genoux à la gauche de l'estampe. Derrière elle le bourreau, vu par le dos , est dans l'acte de tirer le glaive de son fourreau. Dans le fond à droite, deux hommes en manteaux causent ensemble. Pièce ronde.

Diamètre : 1 p. 6 lig.

57. *Le martyre de S. Catherine.*

La Sainte est à genoux à la gauche de l'estampe, devant une machine à deux petites roues hérissées d'aiguillons. Le bourreau, prêt à la décapiter, est debout derrière elle. Il la tient par les cheveux avec la main droite, et a dans l'autre un glaive dont la pointe porte à terre. Un homme avancé en âge est debout à droite, vers le fond. Pièce ronde.

Diamètre : 1 p. 6 lig.

58. *S. Catherine.*

Elle est debout, vue presque de face, et tournée un peu vers la gauche. Elle montre de la main droite la roue qui est à ses pieds vers la gauche, et de l'autre tient un grand sabre dont la pointe porte à terre. La Sainte est coiffée d'une espèce de turban. En haut est écrit en caractères gothiques : *sancta katerina.*

Hauteur : 3 p. 3 lig. Largeur : 2 p. 6 lig.

59. *S. Catherine.*

Elle est assise sur un banc de gazon, lisant dans un livre, et tournée un peu vers la gauche. La roue brisée est à ses pieds. Une épée se voit à terre sur le devant à droite. Le fond offre une cour où l'on remarque à droite un puits d'architecture gothique. Au delà du mur qui renferme la cour, s'élèvent plusieurs maisons.

Hauteur : 3 p. 4 lig. Largeur : 2 p. 4 lig.

60. *Le martyre de S. Barbe.*

La Sainte est à genoux à la gauche de l'estampe. Derrière elle est un bourreau tenant de la main gauche élevée un sabre pour lui couper la tête, laquelle il tient par les cheveux avec la main droite. Dans le fond de ce côté droit est debout un soldat armé d'une hallebarde, et dans le fond à gauche un homme et une femme regardent par la fenêtre dans la prison où l'action a' lieu. Au delà de la Sainte, à la gauche de l'estampe, on remarque une tour. Pièce ronde.

Diamètre: 2 p. 2 lig.

61. *S. Catherine.*

Elle est debout, vue de trois quarts et tournée un peu vers la droite. Elle fait un geste de la main droite et de l'autre tient une grande épée dont la pointe porte à terre. La roue brisée est à ses pieds, vers la droite de l'estampe. Derrière la Sainte est un banc de gazon revêtu de planches de bois, d'où sort une plante à huit branches minces dont chacune est ornée d'une fleur.

Hauteur : 3 p. 11 lig. Largeur : 2 p. 6 lig.

62. *S. Catherine.*

Elle est debout et tournée un peu vers la gauche. Sa tête est ornée d'une espèce de turban. Elle tient un anneau de la main droite et de l'autre une épée dont la pointe porte à terre. La roue qui est entière, est à ses pieds, à la gauche de l'estampe.

Hauteur : 3 p. 11 lig. Largeur : 2 p. 8 lig.

63. *S. Agnès.*

Elle est debout, vue de trois quarts et tournée un peu vers la droite. Elle a la tête ornée d'une couronne, et l'épaule gauche couverte d'un large manteau qu'elle relève de la main droite. On voit un agneau à ses pieds, à la droite de l'estampe. Au haut de la droite est une marque de la forme d'un c gothique, et plus bas une autre marque, semblable à un m.

Hauteur : 2 p. 9 lig. Largeur : 1 p. 9 lignes ?

64. *La Véronique.*

Elle est debout au milieu de l'estampe, ayant la tête un peu penchée sur son épaule droite. Elle tient de ses deux mains le suaire où la face de Jésus Christ est exprimée. Dans la marge du bas est écrit

X. Vol.   C

en lettres gothiques: *Salue sancta facies nri redemptoris.*

Hauteur: 3 p. 6 lig. Largeur: 2 p. 1 0 lig. La marge d'en bas: 3 lig. environ.

65. *La Véronique.*

La Véronique debout, vue de face, tenant de ses deux mains le suaire, où la sainte face est exprimée. Le fond présente une chapelle avec trois pans de muraille dont celui du milieu offre un mur tout bâti de briques, les deux autres, à gauche et à droite, ont chacun une grande fenêtre. Le pavé est couvert de pierres en losanges. Au bas de la planche est écrit en lettres gothiques: *Salue sca facies nri rdeptor* Ces lettres sont en blanc sur un fond couvert de hachures.

Hauteur: 5 p. 6 lignes? Largeur: 3 p. 7 lignes?

66. *L'enfant Jesus sur une tulipe.*

Une tulipe, du calice de laquelle sort une croix, contre laquelle est adossé l'enfant Jésus vêtu d'une robe large, faisant un geste de la main gauche, et de l'autre tenant une banderole sur laquelle est écrit

en caractères gothiques: *Ein goot selig ior;* c'est à dire: *une année bien heureuse.*
Hauteur: 5 p. 1 lignes? Largeur: 3 p. 9 lignes?

67. *L'homme de douleurs.*

Il est debout sur un terrain couvert de gazon et de plantes. Il est vu de face, ayant la tête couronnée d'épines et montrant ses plaies. A ses pieds sont deux anges à genoux. L'un à gauche tient le fouet, une verge et les cloux, l'autre à droite porte une lance et l'éponge. Deux autres anges planent en l'air aux deux côtés; l'un à droite porte la colonne, et l'autre à gauche la croix.

Hauteur: 3 p. 9 lig. Largeur: 2 p. 11 lig.

68. *La Trinité.*

A la gauche de ce morceau, Dieu le père debout montre de la main droite Dieu le fils qu'il soutient de la main gauche. Celui-ci semble venir de se lever de la croix qui est étendue à terre à ses pieds. Le St. Esprit, en forme de colombe, plane en l'air vers la droite d'en haut. On voit une colonne entourée des différens instrumens de la passion dans le fond de ce même côté. Au haut de la gauche est une banderole avec ces mots: *proprio filio non peperci.*

Hauteur : 3 p. Largeur : 2 p. 3 lig.

Ce morceau a pour auteur le même qui a gravé Jésus Christ et les douze apôtres. Nr. 15-27.

69. *La Trinité.* 1505.

Au milieu de l'estampe, la Vierge vue de face, est à genoux, priant les mains jointes et élevées. Dieu le père et Dieu le fils tiennent une couronne royale sur sa tête. Ces deux personnages sont assis, l'un à gauche, l'autre à droite, sur un même trône. Le S. Esprit plane au-dessus de la Vierge. On voit dans le ciel, à gauche, deux anges dont l'un joue de la guitare, et l'autre tient une banderole, et deux autres à droite, dont l'un joue de la harpe, et l'autre d'une flûte. Vers la gauche d'en bas est sculpté un ange tenant une tablette sur laquelle est gravée l'année 1505.

Hauteur : 7 p. 6 lignes? Largeur : 5 p. 8 lignes?

Ce morceau approche du goût de *Wenceslas d'Olmutz* : il est possible qu'il porte sa marque, mais l'épreuve que nous en avons eue sous les yeux, a été rognée.

70. *La Sibylle et Auguste.*

La Sibylle montrant à Auguste la Vierge avec l'enfant Jésus qui apparoît dans le ciel. La Sibylle est debout presque au milieu de l'estampe. A ses pieds est un petit chien. L'empereur, vu de profil, est debout à droite, tenant un sceptre de la main gauche, et levant la tête vers le ciel. Le fond offre une rivière, au delà de laquelle est une ville qui s'étend sur toute la largeur de la planche.

Hauteur : 10 p. Largeur : 7 p. 4 lig.

Heinecke regarde cette estampe comme la première qui ait été gravée en Allemagne, mais les raisons qu'il en donne, ne prouvent rien en faveur de cette opinion.

71. *La Sybille et Auguste.*

Le même morceau gravé en contre-partie, de plus petite forme, et avec quelques changemens dans le fond. Le petit chien y a été omis.

Hauteur : 3 p. 7 lignes? Largeur : 2 p. 9 lignes?

72. *L'auteur de l'histoire des premiers hommes.*

A la gauche de ce morceau un homme

vêtu d'une large robe, couvert d'un bonnet, et assis à un pupitre, est occupé, à ce qu'il paroit, à écrire l'histoire d'Adam et Eve qui sont debout devant lui, couvrant leurs parties génitales de branches d'arbres. Le fond offre un portique divisé au milieu par une colonne. Par les deux ouvertures de ce portique, on voit dans le lointain Adam et Eve que l'ange chasse par la porte du paradis; un peu plus en avant, ils sont représentés descendant aux limbes, et à gauche on les voit en sortir. Sur le devant de ce côté, se repose un lévrier, avec lequel joue un singe attaché par une corde à un cilindre. Ce morceau est cintré par en haut.

Hauteur: 1 o p. 9 lignes? Largeur: 6 p. 2 lignes?

73. *La décollation d'un Saint.*

Au milieu du devant un homme, peut-être quelque saint martyr, habillé à l'allemande, est à genoux, vu de profil et tourné vers la droite. Il a les yeux bandés et les mains liées derrière le dos. A son côté gauche, un bourreau semble attendre le signal pour lui couper la tête. Il porte sa main gauche sur la tête du Saint, et de

l'autre tient un glaive. On voit à droite,
vers le fond, un roi à cheval, accompagné de quelques autres cavaliers, et une
femme à genoux qui semble implorer la
clémence du roi. Un jeune enfant nud
est couché devant cette femme. Dans le
fond à gauche, on remarque un homme
de condition qui semble s'avancer vers la
scène. Pièce ronde.

Diamètre : 2 p. 5 lig.

III. SUJETS PROFANES.

1. *L'empereur Henri IV et le pape Gré-*
goire VII.

Le pape Grégoire VII montant à cheval,
en marchant sur le dos de l'empereur
Henri IV, qui, pour s'humilier, lui sert
d'escabelle. Le pape armé de toutes pièces
et ayant la tête couverte d'un chapeau
rond orné d'une couronne, est debout au
milieu de l'estampe. Il tient un bâton de
commandement de la main droite, et porte l'autre sur le pommeau de la selle d'un
cheval qu'il est dans l'acte de monter. Il
a le pied gauche posé sur l'empereur qui
est étendu à terre sur le ventre, ayant

une couronne royale sur la tête. Plusieurs soldats armés de piques, d'hallebardes et d'étendards sont rangés sur toute la largeur du fond. Pièce cintrée par le haut.

Diamètre de la hauteur : 7 p. Largeur : 6 p.

Ce morceau est gravé par le même qui a exécuté *Jésus Christ présenté au peuple.* (Nr. 7. Sect. I.) et la pièce suivante. (Nr. 2.)

2. *L'homme précipité dans le fossé.*

Un homme (peut-être l'apôtre S. Jacques le mineur) dont les mains et les pieds sont liés, tombant à la renverse dans un fossé rempli d'eau, où le précipitent trois bourreaux que l'on voit au milieu de l'estampe, sur le rempart d'un château fort. Au devant, à droite, un soldat armé d'une hallebarde, regarde la chute du malheureux, en exprimant de l'épouvante. Pièce cintrée par le haut.

Diamètre de la hauteur : 7 p. 6 lig. Largeur : 6 p. 2 lig.

3. *Pyrame et Thisbé.*

Pyrame est étendu mort au milieu du devant ; il tient de la main droite le poignard dont il vient de se percer. Thisbé accourt de la gauche, les deux bras élevés. Pièce ronde.

Diamètre 1 p. 4 lig.

4. *Pyrame et Thisbé.*

Pyrame est étendu mort à la droite de l'estampe. Thisbé debout à gauche, s'enfonce une grande épée qu'elle tient de la main droite, ayant l'autre appuyée sur sa hanche. Pièce ronde.

Diamètre: 1 p. 6 lig.

5. *Mercure, Paris et les trois déesses.*

A droite, Paris armé de toutes pièces dort couché au pied d'une fontaine. Mercure, tenant la pomme d'or de la main droite, et le caducée de l'autre, s'approche de lui pour l'éveiller. A gauche sont debout les trois déesses, l'une devant l'autre. Le fond offre la vue de Troye. Chaque figure est accompagnée d'une petite banderole qui exprime son nom, et d'une autre, plus grande qui porte une inscription latine.

Largeur: 11 p. 6 lig. Hauteur: 8 p. 4 lig.

Mr. de *Murr* a donné une description très détaillée de cette estampe et des deux suivantes qui sont d'un même maître. (Journal etc. T. II. p. 194 etc.) Le dessein en est très mauvais, et la taille dure et maigre. Elles portent l'empreinte d'une grande ancienneté; c'est pour quoi nous ne pouvons pas nous joindre à l'avis de *Heineke*, suivant lequel elles seroient des productions du XVI siècle.

6. *La fontaine de Jouvence.*

Au milieu de l'estampe, dans un bassin héxagone de pierres carrées, sept hommes et femmes sont au bain. Sur le bord du bassin, vers le milieu du fond, est debout un homme armé de toutes pièces, aux pieds duquel on lit: *hic est fons juuentutis*. Entre plusieurs figures qui environnent la fontaine, on remarque à gauche un homme jettant sa femme dans le bain, et au devant de ce même côté, un autre s'approche, portant la sienne sur le dos. Pièce libre.

Même dimension que la pièce précédente.

7. *La salle d'armes.*

Le côté gauche de ce morceau présente une salle où dix hommes s'exercent au

combat de gladiateur de différentes ma-
nières. Le côté droit offre une chambre,
où trois femmes, dans un bain, s'efforcent
de retenir un homme qui s'arrache à leurs
instances. On remarque un homme et une
femme près d'un lit placé dans le fond.
Pièce libre.

Même dimension.

8. *Le concert.*

Un homme chantant, assis à côté d'une
jeune femme qui touche d'un petit clavecin. L'homme, vêtu comme un soldat allemand, est à la gauche de l'estampe; il a
la main droite appuyée sur sa hanche, et
de l'autre fait un geste. La femme est assise à droite, ayant le clavecin sur ses genoux. Pièce ronde.

Diamètre: 1 p. 4 lig.

9. *Le goûté.*

A la droite de l'estampe est assis un seig-
neur allemand, portant la main gauche
sur la poignée de son épée, qu'il a entre
les deux jambes croisées. Il prend avec la
pointe d'un couteau qu'il tient de la droite,
du fruit d'une espèce de plat placé sur les

genoux d'une dame qui est assise à côté de lui, à la gauche de l'estampe, et qui lui présente à boire dans une écuelle. Pièce ronde.

Diamètre : 1 p. 4 lig.

10. *Un gentil-homme allemand, assis à côté d'une dame.*

Un homme de condition, couvert d'un chapeau orné de beaucoup de plumes, assis à côté d'une dame qui semble lui parler, ayant les bras croisés. Le fond est un paysage, où l'on remarque, à droite, la tète d'un cheval attaché par la bride à un arbre. Pièce ronde.

Diamètre: 1 p. 6 lig.

11. *Le jeu aux dés.*

Une femme et deux hommes assis à une petite table ronde. La femme, au milieu de l'estampe, tient de la main droite une écuelle, dans laquelle elle verse du vin. A gauche, l'un des hommes semble jetter des dés, l'autre, assis à droite, tient la poignée de son épée qu'il a sur ses genoux. Au-dessus de la tète de la

femme est une banderole avec ces lettres :
ALLAKANSEN *bon*. Pièce ronde.

Diamètre : 1 p. 6 lig.

12. *Jeune homme embrassant une dame.*

Un jeune homme, vu par le dos, embrassant une jeune dame. Ces deux figures sont debout au milieu de l'estampe, et
entourées de banderoles. Sur celles à gauche on lit. ANS. MIN VIL, sur celles à
droite : TREV. EN. TI2. IS. G. Ces lettres
sont écrites à rebours. Pièce ronde.

Diamètre : 1 p. 7 lig.

13. *Le fou dansant.*

Un fou, avec la marotte sur la tête,
dansant, en se dirigeant vers la droite. Une
machine ressemblante à une mâchoire de
quelque grand animal, lui sert de violon,
et un bâton dentelé est son archet. A un
des bouts de la mâchoire sont attachés
un cor de postillon et une cuiller. Une
petit flûte est par terre à ses pieds. Mauvais ouvrage de quelque garçon orfévre.

Hauteur : 2 p. 9 lig. Largeur : 2 p.

14. *L'homme combattant contre le dragon.*

Au milieu de ce morceau, un homme nud à grande barbe combat contre un dragon qu'il prend par la gorge de la main droite, tandisque de l'autre il va lui enfoncer un javelot dans la poitrine.

Largeur : 2 p. 9 lig. Hauteur : 2 p. 3 lig.

15. *Le concert.*

Au milieu de cette planche est une fontaine avec un bassin de forme octogone, dans lequel un perroquet s'abreuve. Au delà de cette fontaine est un banc de gazon en demi-cercle, sur lequel est assis, à gauche un jeune homme jouant de la guitare, et à droite une jeune demoiselle pinçant la harpe.

Largeur : 2 p. 11 lig. Hauteur : 2 p. 3 lig.

Ce morceau, très mal dessiné et très mal gravé, n'est suivant toute apparence que la production de quelque garçon orfèvre.

16. *Le paysan à la masse d'armes.*

Un paysan assis, vu de profil et dirigé vers la gauche. Il a sur la tête un chapeau pointu, et est couvert d'un large manteau.

Il tient de la main gauche un écusson vui-
de, et de l'autre fait un geste, comme
s'il parloit à quelqu'un debout devant lui.
Une masse d'armes est à terre près de sa
jambe gauche.

Hauteur : 3 p. 4 lignes ? Largeur : 2 p. 8 lignes ?

Cette estampe a pour autéur le même
artiste qui a gravé le mari subjugué par
sa femme Nr. 26 de cette Section.

On a une autre estampe de ce morceau,
gravée en contre-partie par le maître au
monogramme Nr. 43. (Nr. 14 de son
oeuvre.)

17. *La santé portée.*

Un jeune homme assis à côté d'une jeune demoiselle près du bassin d'une fontaine. Il la serre contre lui de son bras
gauche, et de la main droite il lui offre
un verre de vin. On voit un plat avec du
fruit au milieu d'une planche posée sur
le bord du bassin, en travers. Une guitare est à la gauche de l'estampe, près
d'une des jambes du jeune homme. Pièce
ronde, mal dessinée et mal gravée.

Diamètre : 3 p. 4 lig.

18. *La dame présentant une fleur à un homme.*

Au milieu de l'estampe, une dame présente de la main gauche une fleur à un homme qui est devant elle à droite. Celui-ci est vu de profil, vêtu d'un habit court, ayant la tête couverte d'un bonnet pointu, et un autre bonnet qui est de fourrure, pendu à son dos. A gauche, le long du bord de l'estampe, est une banderole.

Hauteur : 3 p. 7 lig. Largeur : 2 p. 9 lig.

19. *Le cocu.*

A la gauche de ce morceau, une femme assise sur un siége, tient de la main gauche élevée un fuseau, avec lequel elle frappe son mari qui, assis à droite sur une escabelle, est occupé à dévider. Au-dessus de chacune de ces deux figures est une banderole. Le terrain est carrelé. On remarque sur le fuseau, que tient la femme, une lettre A gothique. Ce morceau approche beaucoup de la manière d'*Israël de Mecken.*

Largeur : 3 p. 5 lig. Et même hauteur.

20. *Le baiser.*

Un homme embrassant une jeune femme. Ils sont debout, la femme à la gauche, l'homme à la droite de l'estampe. Au-dessus de leurs têtes flotte une banderole qui forme divers entrelacs.

Hauteur : 3 p. 11 lig. Largeur : 2 p. 7 lignes?

21-23. *Trois figures d'hommes debout dans des niches.*

Suite de trois estampes.

Hauteur de la niche : 4 p. 3 à 6 lig. Largeur : 1 p. 5 à 6 lig.

21. *Première figure.*

Un homme vu de face, coiffé d'un bonnet à large rebord. Il porte un manteau qui est ouvert par devant, de manière qu'on voit son corps et ses deux jambes. Sa tête est baisée et tournée un peu vers la droite. Il tient de ses deux mains une banderole à travers ses genoux.

22. *Seconde figure.*

Un vieillard à barbe longue, vu de profil et dirigé vers la gauche. Sa tête est couverte d'une calotte qui n'a point de rebord, et qui est plus large en haut que par le bas. Il est vêtu d'une large robe avec un collet d'hermine , et tient de ses deux mains une feuille de papier.

23. *Troisième figure.*

Un homme vêtu à peu-près comme le précédent. Il a le corps dirigé vers la gauche, mais sa tête est retournée vers la droite. Celle-ci est couverte d'un bonnet d'où un morceau de drap mince lui descend sur la poitrine. Il tient une feuille de papier de ses deux mains dirigées vers la hanche droite.

24. *Le paysan et sa femme ivres.*

Un paysan ivre , accompagné d'une vieille. Leurs pas sont dirigés vers la droite du devant. Le paysan a son bras droit passé autour du cou de la femme , et tend l'autre en haut.

Hauteur : 4 p. 4 lig. Largeur : 2 p. 5 lig.

25. *La femme nue.*

Une femme nue , debout et tournée un peu vers la droite. Ses cheveux lui descendent jusqu'aux fesses. Elle porte de la main gauche une rose vers son nez , et de la droite elle tient deux autres roses. Sa ceinture est par terre, à ses pieds. Un petit chien que l'on voit à droite , y ronge. Ses souliers sont à gauche, et ses vêtemens sont posés sur un banc de gazon qui s'étend sur toute la largeur du fond.

Hauteur: 4 p. 6 lignes? Largeur: 3 p. 4 lignes?

Ce morceau est aussi mal dessiné que mal gravé.

26. *Le mari subjugué par sa femme.*

Une jeune femme assise de côté sur le dos de son vieux mari qui marche à quatre pattes, en se dirigeant vers la gauche. La femme tient la bride de la main droite, et de l'autre un fouet. Le fond offre un mur à hauteur d'appui, au delà duquel, à droite, sont deux hommes qui regardent. A gauche s'élève un bouquet d'arbres. Pièce ronde.

Diamètre: 5 p. 10 lignes?

Cette estampe Nr. 26, ainsi que *Salomon adorant une idole* (Sect. I. Nr. 1) *Le paysan à la masse d'armes* (Nr. 16 de cette Section III) et *Les trois figures debout dans des niches* (Nr. 21-23 pareillement de cette

Section III) sont des ouvrages d'un même maître. Ils ont un grand rapport avec Nr. 48 des pièces gravées par *Wenceslas d'Olmutz.*

27. *Le mari subjugué par sa femme.*

Une femme montée à califourchon sur le dos d'un homme qui marche à quatre pattes. La femme, vêtue à l'allemande, et ayant la tête couverte d'un bonnet haut, d'où pend un voile, tient un fouet de la main droite élevée, et de l'autre la bride de l'homme qui se dirige vers la gauche, en retournant sa tête qui est vue face.

Hauteur: 4 p. 4 lig. Largeur: 3 p.

Ce morceau est tellement dans le goût de *M. Schongauer* qu'on est tenté de l'en croire l'auteur.

28. *Turc à cheval.*

Le cheval est vu de profil et dirigé vers la droite. Le cavalier retourne sa tête de manière qu'il est vu de face. Il a un sabre et un arc au côté. A la place du fourreau de pistolet, on voit une espèce de petite timbale. Le fond offre une large rivière dont la vue s'étend dans le lointain.

Le devant à droite est orné d'une plante,
au delà de laquelle s'élève une colline escarpée, surmontée d'un bouquet d'arbres.
Ce morceau est d'une taille très délicate,
faite, à ce qu'il paroît, sur une planche
d'étain.

Hauteur: 6 p. Largeur: 3 p. 11 lig.

29. *L'amant.*

Un jeune homme assis à droite, à côté
d'une jeune femme, sur un banc de gazon
revêtu de planches de bois. Il semble
vouloir l'embrasser, et elle, de s'en dé-
fendre. Les cheveux de la femme sont ornés de fleurs. Un petit chien qui est entre
les deux figures, aboye contre le jeune
homme. A la gauche de l'estampe, sur le
banc de gazon, est placé un pot des fleurs,
et à droite, un perroquet est perché sur
un palis où pend un gant.

Largeur: 6 p. Hauteur: 5 p.

Ce morceau est incontestablement gravé par le même qui à gravé *la Sybille et
Auguste* (Nr. 70 de la II Section) et Nr. 31
ci-après.

.· 3o. *La mort surprenant la jeunesse.*

A la droite de ce morceau, la mort,
un pied dans un cercueul, saisit par le
mantelet un jeune homme qui marche à
la gauche de l'estampe. Au-dessus de cha-
chaque figure est une banderole. On lit
dans celle de la mort: *hie her by mich,*
et dans celle de l'adolescent: *ach got min,*
sal ich. Ces inscriptions sont écrites en
caractères gothiques.

Hauteur : 6 p. 2 lignes ? Largeur : 4 p. 2 lignes ?

3 1. *Le jeu d'échec.*

Trois jeunes hommes et trois demoisel-
les dans un jardin. Au milieu de l'estampe un de ces hommes, et une de ces de-
moiselles, debout près d'une table octogone, jouent aux échecs. A gauche, un
autre est assis sur une balustrade de bois,
à côté d'une femme, ayant dans ses mains
de petites boules enfilées, dont elle en
ôte une. Le troisième jeune homme est
debout à droite, auprès d'une demoiselle
qui lit dans une feuille de papier. On
voit deux perroquets perchés sur des arbres, l'un au milieu, l'autre à la droite

du fond. Un troisième perroquet est en l'air au haut de la gauche.

Largeur: 7 p. 10 lignes? Hauteur: 6 p. 3 lignes?

Ce morceau a pour auteur le même qui a gravé Nr. 70 de la II Sect. et Nr. 29 de celle-ci.

32. *L'échec au roi.*

La mort jouant aux échecs avec un roi. La mort est debout à la droite de l'estampe. Le roi assis à gauche, semble être saisi d'épouvante à la vue de l'état de son jeu qui montre échec au roi. Un ange debout au milieu du fond, lui indique l'heure de la mort, en lui présentant un sable. Le pape, un cardinal, un évêque, des princes et plusieurs autres personnes de différentes conditions, debout autour, sont spectateurs. Au haut de la planche sont trois banderoles.

Hauteur: 9 p. 8 lig.   Largeur: 7 p. 7 lig.

Heinecke attribue ce morceau *à Israël de Mecken.* Nous ne sommes pas de cet avis, par ce que cette estampe est dessinée et gravée trop bien pour être de ce maître.

33. *Ecusson d'armes avec les instrumens de la passion de J. C.*

L'écu placé sur un gradin, est surmonté d'un héaume avec ses lambrequins, au-dessus duquel on voit un lion assis au pied de la croix, à laquelle sont attachés, à gauche une verge, et à droite un fouet. Les tenants sont, à gauche une licorne, et à droite un agneau.

Hauteur: 3 p. 4 lig. Largeur: 2 p. 5 lig.

34. *Les armoiries de l'évêché de Wurtz-bourg.*

Deux armoiries sur une même planche. Les unes, à la gauche de l'estampe, sont celles de Rodolphe de Scherenberg, évèque de Wurtzbourg, mort en 1495. C'est un écu écartelé; au premier au chef emmanché de quatre pièces, au quatrième à l'étendard, au second et au troisième aux oiseaux. L'écu est surmonté d'un homme orné d'une tête de lion entre deux proboscides adossées les naseaux en haut, et terminés par des étendards. Les autres armoiries à droite présentent un écu au chef emmanché de quatre pièces, ayant pour soupport deux anges à genoux, et

étant surmonté d'un évêque à mi-corps,
tenant un sabre de la main droite, et une
crosse de la gauche.

Largeur : 7 p. 1 lig. Hauteur : 7 p. 3 lig.

Cette estampe qui approche beaucoup
du goût de *Martin Schongauer*, se trouve
imprimée à la fin d'un bréviaire du diocèse de Wurtzbourg, mis au jour en cette
ville en 1479. (Voyez : Panzer annales ty-
pograph. T. I. p. 459) ainsi que dans un
pseautier du même diocèse; *sine loco et
anno.*

35. *Les armoiries de l'évêché de Wurtzbourg.*

Les mêmes armoiries que l'on vient de
détailler dans le numéro précédent, gravées presqu'au trait, peut-être par le
même graveur.

Largeur : 4 p. 10 lig. Hauteur : 4 p. 7 lig.

Cette estampe se trouve imprimée à la
page 13 du bréviaire cité ci-dessus.

36. *Les armoiries de George Zlatkonia.*

Deux grands anges debout, dont celui
à gauche est vu de profil, tenant l'écusson
d'armes de George Zlatkonia, archévê-
que de Vienne, alors évêque de Piben.

L'écusson est surmonté d'une mitre épiscopale. Dans une marge au haut de l'estampe, est écrit : GEOR: ZLATK. E. PETI
NEN. PPO: LAIBACEN. ET I. RVDOLFSW.

Hauteur : 3 p. 3 lig. Largeur : 2 p. 6 lig.

37. *Les armoiries de l'évêché d'Aichstädt.*

Deux armoiries sur une même planche.
Les unes, à la droite de l'estampe, sont
celles de l'évêché d'Aichstädt. C'est un
écu écartelé, au premier et au quatrième
à trois lions rampans l'un sur l'autre, et
au second et au troisième à la crosse épiscopale. Les supports sont deux anges.
L'écu est timbré d'une mitre. Les armoiries à gauche sont celle de Guillaume
de Reichenau, évêque d'Aichstädt, mort
en 1496. L'écu est écartelé, au premier
et au quatrième à la crosse épiscopale, et
au second et au troisième à fasces. Cet écu
est timbré de deux héaumes avec leurs
lambrequins, dont celui à gauche est orné
d'un bras tenant une crosse, l'autre d'un
oiseau perché entre deux cornes. Dans
une banderole qui flotte au milieu du
haut, est écrit : ANNO. DNI. M.CCCC.LXXX.
Ce morceau qui est de forme ronde, est

entouré d'un bord orné d'une banderole qui offre cette inscription: WILHELMVS EPISCOPVS EVSTETTENSIS EX FAMILIA REICHENAW NATVS. HEC IMPRIMI. FECIT.

Diamètre : 5 p. 4 lig.

38. *Les armoiries au mouton.*

Un écusson d'armes au mouton marchant vers la gauche. L'écu est timbré d'un héaume avec ses lambrequins , et a pour cimier un loup portant un cochon de lait dans la gueule.

Hauteur : 8 p. 2 lig. Largeur : 6 p.

39. *Le gladiateur portant un écusson d'armes.*

Un jeune homme debout, les jambes écartées, et tourné un peu vers la gauche. Il est vêtu d'un pourpoint, et a la tête couverte d'un bonnet. Il tient de la main droite un écusson d'armes , et de l'autre une grande épée dont la pointe porte à terre. Une autre épée, plus petite, est attachée à sa ceinture, par devant.

Hauteur: 3 p. 8 lig. Largeur : 2 p. 6 lig.

40. *Un roi assis.*

Un roi assis sur un siége large, et tourné vers la droite de l'estampe. Il tient un sceptre de la main gauche, ayant l'autre appuyée sur sa hanche. Au haut de la droite est un écusson aux trois lis de France.

Hauteur : 3 p. 6 lig. Largeur : 2 p. 6 lig.

41. *Un roi à cheval.*

Un jeune roi à cheval, tourné vers la droite. Il tient la bride de la main gauche, et a l'autre posée sur sa hanche. Au haut de la droite est un écusson aux trois lis de France.

Hauteur : 4 p. 6 lig. Largeur : 3 p. 2 lig.

Ce morceau est de la main du même maître qui a gravé le précédent.

42. *Deux hommes combattant contre un centaure.*

Deux hommes nuds combattant à coups de sabre contre un centaure qui, terrassé et percé de plusieurs flèches, se défend encore avec une massue qu'il tient de la main gauche élevée.

Largeur : 7 p. 10 lig. Hauteur : 5 p. 5 lig.

43. *Les deux cochons.*

Deux cochons mangeant dans un seau.
L'un est vu de profil, l'autre de trois
quarts. Ils sont dirigés vers la droite.

Largeur : 2 p. 9 lig. Hauteur : 1 p. 8 lignes ?

44. *Un vaisseau.*

Un vaisseau en mer, allant oblique-
ment vers le fond à gauche. Les voiles
du grand mât et d'artimon sont déployées ;
celle de misaine est rétrécie. On remarque sur la hune une espèce de pique dont
la pointe porte vers la droite.

Hauteur : 6 p. 6 lig. Largeur : 4 p. 7 lig.

IV. RINCEAUX D'ORNEMENS.

1-12. *Différens rinceaux d'ornemens, entre-mêlés de figures.*

Suite de douze estampes.

Largeur : 3 p. 3 lig. Hauteur : 2 p. 9 lig.

NB. Ces douze estampes sont du plus
grand fini, et gravées d'un burin extrêmement délicat.

En omettant le détail des rinceaux mêmes, nous nous bornons à ne donner ici

que la déscription des figures principales qui y sont entrelacées.

1) Deux hommes nuds qui luttent ensemble. Celui à gauche saisit par une jambe son adversaire qui le prend par la nuque.

2) Un homme nud, tendant son arc. Il est assis sur un tronc d'arbre, et tient une flèche à la bouche.

3) Un homme nud, monté sur un cheval qui va au galop, et qui, au lieu d'un mords, a dans la bouche un rameau dont le cavalier, penché en avant, tient les deux bouts.

4) Une femme coiffée d'un turban immense et vêtue d'un habit très large. Elle est réprésentée avec un genou en terre, et tournée vers la droite. Elle fait signe vers le haut avec sa main gauche, et de l'autre vers le bas.

5) Un homme nud, montant un cerf qui court vers la droite, et aux bois duquel il se tient des deux mains.

6) Deux cavaliers qui se battent, l'un, à gauche, tient un bâton de la main droite; l'autre semble vouloir saisir son adversaire par la tête. Au devant de la droite

s'élève un petit arbre. Le milieu du fond offre la vue d'une petite ville. Ce sujet n'est point mêlé de rinceaux.

7) Un jongleur. Il se tient sur la jambe gauche, et a l'autre très élevée et tendue en arrière. Son corps est penché en avant et comme suspendu sur un rameau qu'il tient des deux mains. On remarque une espèce de héron perché à droite.

8) Autre jongleur. Il montre le dos, et a les jambes très écartées. Il se penche en avant, se tenant de la main droite à un rameau, et de l'autre cueillant du fruit.

9) Un homme nud à grande barbe, vu à mi-corps et tourné vers la droite. Il saisit un rameau de la main droite élevée en arrière, et de l'autre tient un aigle par ses griffes.

10) Un homme perçant avec sa lance une biche que l'on voit au bas de la droite. Cet homme est coiffé d'une espèce de turban qui se termine en pointe.

11) Un homme vêtu d'un habit très large, tirant à l'arc. Il est vu de trois quarts et tourné vers la gauche.

12) Un homme vêtu d'un habit court échancré en lambrequins. Son genou droit est en terre, et sa jambe gauche tendue en avant. Il tient un rameau de chaque main.

13.

Rinceau d'ornemens, dans lequel on remarque, à gauche, une femme nue, montée sur un cheval qui va au galop vers la droite. La femme est armée d'un fuseau dont elle se sert en guise de lance, pour jouter avec un homme nud qui, armé d'un râteau, est monté sur une licorne. Au haut de la droite, un perroquet est perché sur le feuillage; un autre qui est hupé, se voit au milieu, et un troisième oiseau occupe le haut de la gauche. Le côté droit et le gauche ont un bord dans lequel sont quelques mots écrits en caractères gothiques. *)

Largeur: 3 p. 5 lig. Les deux bords y compris.

Hauteur: 2 p. 6 lig.

---

*) Ces mots étant mal exprimés dans l'épreuve, la seule que nous ayons vue de cette estampe, il nous a été impossible de les lire. Tout ce que nous en avons déchiffré, se réduit aux mots: **clef en gbemaece,** écrits dans le bord du côté gauche.

14.

Un rinceau d'ornemens, au milieu duquel on remarque un homme avec un genou en terre. Il est dirigé vers la droite, mais sa tête est tournée vers la gauche. Il tient des deux mains les branches principales du rinceau. Un épervier est perché à gauche, le dos contre le bord de l'estampe, un second oiseau se voit vers le haut de la droite, et un troisième se trouve près du pied droit de l'homme.

Largeur : 3 p. 7 lig. Hauteur : 2 p. 10 lig.

15.

Un rinceau naissant d'un rameau qui s'élève du milieu du bas de l'estampe. Le feuillage est orné de sept oiseaux. Le plus grand, qui ressemble à un héron, se voit au milieu de l'estampe, perché à une fleur laquelle il mord. Au-dessous de lui est un autre héron, plus petit, qui lève sa tête. Un épervier se fait remarquer vers le haut de la droite, tout près du bord de l'etampe.

Largeur : 4 p. 6 lig. Hauteur : 3 p.

16.

Rinceau d'ornemens naissant d'un rameau qui sort de la droite d'en bas. La

X. Vol.   E

planche est étroite et a la forme d'une frise.

Largeur : 5 p. 2 lig. Hauteur : 1 p. 6 lig.

17.

Rinceau d'ornemens naissant d'un rameau dont on voit le bout au bas de la droite. Le feuillage qui est dans un fond noir, est entremêlé de cinq figures de femmes nues dont on remarque particulièrement celle au bas de la gauche, qui tient un miroir de la main droite.

Largeur : 5 p. Hauteur : 3 p. 6 lig.

18.

Rinceau d'ornemens qui, naissant d'un rameau d'arbre, s'élève en s'inclinant un peu vers la droite. Il se courbe ensuite vers la gauche où il se replie vers la droite. Du rameau d'où naît le rinceau, sort une petite tige dirigée en ligne horizontale vers la droite où elle est tronquée. *)

Hauteur : 3 p. 1 lig. Largeur : 2 p. 5 lig. Mesurées par les extrémités du dessein.

---

*) Dans l'épreuve que nous avons vue, on a remarqué une rature au milieu du grand rond du rinceau, ce qui fait croire qu'il y a eu originairement quelque chiffre.

19.

Rinceau d'ornemens naissant d'un rameau qui sort de la gauche d'en bas. Le feuillage est entremêlé de plusieurs quadrupèdes et oiseaux. On remarque entre autres un épervier perché à gauche, à la mi-hauteur de la planche. Au-dessus de cet épervier court un cerf poursuivi d'un chien.

Hauteur : 4 p. 6 lig. Largeur : 3 p. 3 lig.

20.

Rinceau d'ornemens gravé sur une planche de la forme d'une équerre. Ce rinceau naît de trois oignons ressemblant à des oignons de tulipe ou à des raves, dont l'un occupe l'angle, les deux autres se trouvent vers les deux bouts de l'équerre. Les deux barres de l'équerre sont différens pour leur largeur et pour leur longueur. L'une porte 4 pouces, 3 lignes de largeur sur une longueur de 6 pouces, 11 lignes ; l'autre a 2 pouces, 4 lignes de largeur, sur 10 pouces, 4 lignes de longueur.

21.

Différentes fleurs d'orfévrerie sur une même planche. Ces fleurs sont ainsi rangées : Au haut sont quatre rangs, l'un au-dessus de l'autre. Chaque rang contient cinq pièces. Deux fleurs à deux tiges qui forment un angle, sont placées au bas de l'estampe, l'une à gauche, l'autre à droite. Une petite fleur ressemblante à un oeillet, occupe le milieu d'en bas. Trois autres différentes fleurs remplissent l'espace du bas de la droite, et dans celui à gauche, on remarque un dragon vu de profil et tourné vers la droite.

Hauteur: 4 p. 9 lig. Largeur: 3 p. 2 lig.

V. LETTRES DE L'ALPHABET.

1-6.

Les lettres I. K. L. X. Y. Z. *) composées de diverses figures grotesques. Elles sont mal-dessinées, et la taille en est sèche et maigre. Chaque lettre a quatre pouces de hauteur, et il y en a plusieurs sur une même planche. **)

On remarque dans la lettre I un moi-

*) Il en a vraisemblablement existé tout l'alphabet.

**) Nous n'en connoissons pas la dimension, les épreuves que nous en avons vues, ayant été rognées.

ne et une religieuse d'un air triste qui se tiennent embrassés.

Dans la lettre K, une femme carressant au menton un homme qui est à genoux à ses pieds.

Dans la lettre L, un homme enfonçant une grande épée dans le ventre d'une femme couchée à terre etc.

Dans la lettre X, un moine portant sur ses épaules un autre moine qui tient deux clochettes, un troisième moine qui a pareillement une clochette à la main, enfin un homme sur le dos duquel on voit un écureuil.

Dans la lettre Y, un homme perçant avec une épée la tête d'un animal chimérique et un autre homme qui porte un animal semblable sur ses épaules.

Dans la lettre Z, un homme tenant un poignard de la main droite, et de l'autre un jeune enfant qu'il tient en l'air par les cheveux etc.

VI. CARTES A JOUER.

A. JEUX ENTIERS.

1. Jeu de cartes, de forme ronde.

Suite de soixante cinq pièces.

Diamètre: 2 p. 6 lig.

Ces cartes sont composées de cinq classes, dont chacune contient treize pièces, et porte une marque particulière. Les cartes de chaque classe sont deux fois numérotées depuis 1 à 9, d'un numéro arabe en haut, et d'un numéro romain en bas. *)

---

*) Parmi les pièces que nous avons vues de ce jeu de cartes, nous n'avons pas trouvé de *dix* exprimé par dix points; ce qui nous fait croire que l'une des figures d'homme à pied, dont il y en a deux dans chaque classe, représente *le dix*, l'autre *le valet*. La valeur differente de ces deux figures d'homme à pied se manifeste en ce que, par toutes les cinq classes, l'une de ces figures porte sa marque placée en haut, l'autre en bas. *Heinecke*, il est vrai, en parlant de ces cartes, prétend qu'il y a *dix* cartes, portant le nombre de marques répondant à celui des points qu'elles doivent exprimer, (Neue Nachrichten. Page 351, Nr. 315) mais il paroît qu'il n'a pas vu non plus ce jeu de cartes en entier, à en juger par la manière confuse dont il parle des figures qui en font partie.

*I. La classe dont les points sont marqués;
par des* perroquets.

1) *L'as. Une banderole sur laquelle est
écrit: Recte quidquid facimus venit ex
alto.*

2) *Le deux.*

3) Le trois.

4) *Le quatre.*

5) *Le cinq.*

6) Le six.

7) Le sept.

8) Le huit.

9) *Le neuf.*

10) Première figure d'un homme à pied.
Il marche vers la droite, tenant la main
droite sur la poignée de son sabre, et
de l'autre main tenant un bâton, à un
des bouts duquel pend, à une chaîne,
une boule hérissée d'aiguillons. Le perroquet se voit vers le bas de la droite.

11) Seconde figure d'un homme à pied.
Il court vers la droite, et est armé de
même. Le perroquet se voit vers le
haut de la droite.

12) *Une dame à cheval.*

13) Un roi à cheval. Il est dirigé vers la
droite, tenant un sceptre de la main

gauche. Le perroquet est marqué vers le haut de la gauche.

II. La classe dont les points sont marqués par des pieds d'alouettes.

14) *L'as.* Une banderole sur laquelle est écrit: *Par ille superis, cui par dies et fortuna fuit.*

15) Le deux.

16) Le trois.

17) Le quatre.

18) *Le cinq.*

19) *Le six.*

20) *Le sept.*

21) *Le huit.*

22) Le neuf.

23) *Première figure d'un homme à pied.*

24) Seconde figure d'un homme à pied. Il dirige ses pas vers la gauche, tenant de la main droite une lance qu'il a sur l'épaule, et portant la gauche sur la poignée de son espadon. Le pied d'a-louette se voit vers le haut de la gauche.

25) *Une dame à cheval.*

26) Un roi à cheval, allant vers la gauche. Il tient un sceptre de la main droite,

et la bride de l'autre. Le pied d'alouette se voit vers le haut de la droite.

III. *La classe dont les points sont marqués d'oeillets.*

27) L'as. Une banderole, sur laquelle est
écrit : *Fortuna opes aufferre, non ani-
mum potest.*

28) Le deux.

29) *Le trois.*

30) *Le quatre.*

31) Le cinq.

32) *Le six.*

33) Le sept.

34) *Le huit.*

35) *Le neuf.*

36) Première figure d'un homme à pied.
Il court vers la droite, ayant une hallebarde sur l'épaule droite. L'oeillet se
voit vers le bas de la droite.

37) Seconde figure d'un homme à pied.
Il court vers la droite, ayant une hallebarde sur l'épaule gauche. L'oeillet se
voit vers le haut de la droite.

38) Une dame à cheval, allant vers la
droite. Elle tient la bride de la main
gauche, et a l'autre posée sur la cuisse.

L'oeillet se voit vers le haut de la gauche.

39) Un roi à cheval, allant vers la droite. Il tient de la main gauche la bride et de l'autre un sceptre. L'oeillet se voit vers le haut de la gauche.

IV. La classe dont les points sont marqués par des r o s e s.

40) *L'as.* Une banderole sur laquelle est écrit: *Pepulit vires casus* etc.

41) *Le deux.*

42) *Le trois.*

43) *Le quatre.*

44) *Le cinq.*

45) *Le six.*

46) *Le sept.*

47) *Le huit.*

48) *Le neuf.*

49) *Première figure d'un homme à pied.*

50) Seconde figure d'un homme à pied. Il court vers la droite, portant un arc sur l'épaule, et ayant au côté une épée et un carquois rempli de flèches. La rose se voit vers le haut de la droite.

51) Une dame à cheval, allant vers la droite. Elle a un faucon perché sur la

main gauche, et tient la bride de l'autre main. La rose se voit vers le haut de la gauche.

52) Un roi à cheval, allant vers la droite. Il tient de la main gauche la bride, et de l'autre un sceptre. La rose est vers le haut de la gauche.

V. La classe dont les points sont marqués par des lièvres.

53) *L'as.* Une banderole sur laquelle est écrit: *Felix me dic, quisquis turba parte quiet.*

54) Le deux.

55) *Le trois.*

56) *Le quatre.*

57) *Le cinq.*

58) *Le six.*

59) *Le sept.*

60) *Le huit.*

61) *Le neuf.*

62) *Première figure d'un homme à pied.*

63) *Seconde figure d'un homme à pied.*

64) *Une dame à cheval.*

65) Un roi à cheval, allant au galop vers la gauche. Il tient de la main droite un

sceptre, et de l'autre la bride. Le lièvre se voit vers le haut de la droite.

2. *Cartes allemandes, avec les marques de la trappola *).*

Suite de cinquante deux pièces.

Hauteur : 4 p. 9 lig. Largeur : 2 p. 6 lig.

Les couleurs sont exprimées par les marques de la trappola, savoir :

Spade, Coppe, Denari et *Bastoni.* Ces marques sont entremêlées de différentes figures, animaux et rinceaux d'ornemens.

Chaque couleur contient les dix cartes depuis *l'as* jusque au *dix, le valet, la dame* et *le roi.* Les premières dix cartes de cha-

---

*) *J. G. J. Breitkopf* a fait graver neuf de ces cartes, et les a inserées dans son *essai sur l'origine des cartes à jouer. (Tome I.)* Mr. de *Murr* appelle ces cartes simplement des *cartes de la trappola.* (Journal etc. T. II. p. 200) Il donne le détail de celles qu'il en a vues à Nuremberg, au cabinet du *D. Silberrad*, et qui se trouvent à présent à Vienne au cabinet de Mr. le comte de *Fries. Heinecke*, en parlant de ces cartes, les annonce au nombre de cinquante deux, quoiqu'il fasse consister chaque classe en *dix* cartes et *quatre* figures, ce qui feroit cinquante six cartes. Le fait est que chaque couleur ou classe n'est accompagnée que de trois figures.

que couleur sont numérotées de chiffres romains placés au haut de la pièce.

Les *Spade*, exprimées par des *sabres*.

1) L'as. Un sabre avec une banderole, sur laquelle on trouve ces lettres: A. O. C. T. etc.

2) Le deux.

3) Le trois.

4) Le quatre.

5) Le cinq.

6) Le six.

7) Le sept.

8) Le huit.

9) Le neuf.

10) Le dix.

11) Le valet. Un homme à cheval, vu par le dos. Il tient de la main gauche un bouclier, et de l'autre un sabre.

12) La dame. Elle est debout, tournée vers la gauche, et tenant un sabre de la main droite.

13) Le roi. Il est assis sur un trône, tenant une épée de la main droite.

Les *Coppe*, exprimées par des *vases*.

14) L'as. Une fontaine surmontée de deux Amours qui lachent leur eau dans le bassin.

15) Le deux.

16) *Le trois.*

17) Le quatre.

18) Le cinq.

19) Le six.

20) Le sept.

21) Le huit.

22) Le neuf.

23) Le dix.

24) Le valet. Un homme tenant un vase de la main droite. Il est monté sur un cheval qui se dirige vers la gauche.

25) La dame. Elle est debout, tenant un vase de la main droite.

26) Le roi. Il est assis sur un trône, et tient un vase de ses deux mains.

Les *Denari*, exprimées par des *pommes de grenade.*

27) *L'as.* Une pomme de grenade dont la crevasse montre deux enfans dans le coeur de la pomme.

28) Le deux.

29) Le trois.

30) Le quatre.

31) Le cinq.

32) Le six.

33) Le sept.

34) Le huit.

35) *Le neuf.*

36) *Le dix.*

37) *Le valet.*

38) La dame. Elle est debout, tournée vers la gauche, et tenant de la main droite une pomme de grenade.

39) *Le roi.*

Les *Bastoni*, exprimés par des *bâtons*.

40) L'as. Deux charpentiers sciant un tronc d'arbre en deux, sur toute sa longueur.

41) Le deux.

42) Le trois.

43) Le quatre.

44) Le cinq.

45) Le six.

46) Le sept.

47) Le huit.

48) Le neuf.

49) Le dix.

50) Le valet. Un homme armé de toutes pièces, allant au galop vers la droite, et tenant un bâton à la main.

51) La dame, debout et dirigée vers la droite. Elle tient une fleur de la main

gauche, et s'appuye de l'autre sur un bâton.

5a) Le roi. Il est assis sur un trône, tenant de la main droite un bâton, et de l'autre une baguette.

3. *Jeu de cartes allemandes.*

Les planches sont de différentes proportions, ce qui n'a pas pu empêcher, de faire un jeu de cartes égales, puisqu'on a collé les épreuves sur des cartons qui étoient tous d'une même hauteur et largeur.

Ce jeu de cartes est composé de quatre différentes classes dont chacune contient les cartes 1 à 10, le valet, la dame et le roi. Ces quatre classes à treize pièces forment un jeu de cinquante deux cartes. La raison, pour laquelle il n'y a cependant pas un nombre égal de planches, c'est qu'on a souvent employé une même planche pour plusieurs cartes; par exemple, on a employé le *neuf* pour le six, en y omettant lors de l'impression trois points qu'on a couverts d'un morceau de papier, avant de faire passer la planche par la presse. Voici le détail de ces cartes.

Première classe, dont les points sont mar-
qués par des quadrupèdes.

L'as. Un cerf vu de profil, dirigeant ses
pas vers la droite.

Hauteur : 3 p. 3 lig. Largeur : 2 p. 4 lig.

Le deux. Un ours et un lion qui se
battent, en se tenant sur leurs jambes de
derrière. L'ours, à la gauche de l'estampe,
a un morceau de viande dans la gueule.
Le lion qui est à droite, mord le museau
de l'ours sur le front duquel il porte sa
patte droite.

Hauteur : 2 p. 9 lig. Largeur : 2 p.

Le trois. Voyez *le neuf.*

Le quatre. Au haut, à gauche un éléphant, à droite un cerf qui se gratte la
tête avec sa jambe gauche de derrière.
Au bas, à gauche un daim, et à droite une
licorne.

Hauteur : 3 p. 5 lig. Largeur : 2 p. 5 lig.

Le cinq. Cinq animaux en trois rangées,
une au-dessus de l'autre, savoir :

Un singe et un lion rugissant.

Un chat tenant une souris entre ses
pattes.

Un lion et un guenon mangeant du fruit.

Hauteur : 4 p. 6 lig. Largeur : 3 p.

X. Vol.   F

Cette même planche a été d'abord destinée pour un *six*. (Voyez cartes separées B. b. Quadrupèdes Nr. 17.) Il y avoit à côté du chat un petit chien qui a été ensuite effacé.

Le six Voyez *le huit*.

Le sept. Sept animaux en trois rangées, une au-dessus de l'autre; savoir:

Une lionne et un lion qui se reposent.

Un lion rugissant, un daim qui se repose, et un cerf courant.

Un ours qui marche, et un autre qui se vautre.

Hauteur: 5 p. Largeur: 3 p. 8 lig.

Le huit. Huit animaux en trois rangées, l'une à côté de l'autre; savoir:

Une lionne, un âne couché, et un capricorne debout.

Un cerf couché, et un ours qui suce une de ses pattes.

Un lion, une biche couchée, et un léopard.

Hauteur: 5 p. Largeur: 3 p. 8 lig.

Ce *huit* a été employé pour le *six*. On a omis lors de l'impression la rangée du milieu, c'est à dire : le cerf couché, et l'ours qui suce une de ses pattes.

Le neuf. Neuf animaux en trois rangées l'une au-dessus de l'autre, savoir :

Un cerf, une biche et un lion.

Un ours, un singe et une licorne.

Un daim, un éléphant chargé d'une tourelle, et un cerf qui se gratte la tête avec sa jambe gauche de derrière.

Hauteur : 5 p. Largeur : 3 p. 8 lig.

Ce *neuf* a été employé pour le *trois*. On a omis lors de l'impression les deux rangs d'animaux qui occupent la partie supérieure de la planche, et on n'a exprimé que le daim, l'éléphant et le cerf.

Le dix ou *le valet*. Un jeune homme vêtu d'une espèce de robe d'héraut d'armes, et ayant la tête couverte de beaucoup de cheveux frisés, et cinte d'une couronne de lauriers. Il se dirige vers la gauche, montrant de sa main droite un âne couché qui occupe le haut de la gauche de l'estampe, en guise de la marque de la couleur·

Hauteur : 4 p 8 lig. Largeur : 3 p.

Le valet. Autre jeune homme debout, vu de profil et tourné vers la gauche. Ses cheveux sont frisés, et ceints d'une couronne de laurier. Il a un poignard à la ceinture, et tient une couronne de fleurs

F 2

de ses deux mains. A gauche, un cerf qui broute, est vu à moitié.

Hauteur : 4 p. 8 lig.   Largeur : 2 p. 11 lig.

Il seroit difficile de déterminer, laquelle de ces deux cartes représente le *dix*, et laquelle le *valet*. La signification semble être fondée dans l'emplacement du point qui dans l'une de ces deux cartes est au haut, et dans l'autre au bas de la figure. Il en est de même des deux figures de valets de la quatrième classe qui suit, où l'un porte la fleur au haut, et l'autre au bas de l'estampe. Nous ne doutons pas que cet emplacement différent des points ne se trouve de même dans les deux autres classes ; mais le défaut de quelques unes de ces cartes ne nous permet pas de décider la question avec certitude.

La dame. Jeune femme ayant la tête ornée d'une couronne royale, et assise sur un trône. Elle a sur ses genoux une petite licorne qu'elle tient de la main droite, faisant un geste de la gauche élevée. Cette planche est d'une forme très irrégulière.

Diamètre de la hauteur : 5 p 3 lig. environ. Celui de la largeur : 3 p. 7 lig.

Le roi. Un vieillard à grande barbe assis sur un trône. Il a la tête ornée d'une couronne royale, et tient de ses deux mains un lion couché sur ses genoux.

Hauteur : 5 p. Largeur : 3 p. 7 lig.

Seconde classe dont les points sont marqués par des figures humaines.

L'as. Un homme sauvage, couvert de poil, dirigeant ses pas vers la droite; il tient de la main gauche un bouclier qui offre un mascaron gigantesque, et porte un javelot de l'autre.

Hauteur : 3 p. Largeur : 2 p. 3 lig.

Le deux Voyez le *huit.*

Le trois. Voyez *le sept.*

Le quatre. Quatre figures en deux rangées, l'une au-dessus de l'autre; savoir :

Une femme qui croise les jambes, et fait signe de la main gauche vers un homme qui s'approche d'elle. Ces deux figures sont couvertes de vêtemens de feuillage.

Une femme nue qui file au fuseau, et un homme nud qui dévide.

Hauteur : 3 p. 3 lig. Largeur : 2 p. 5 lig.

Le cinq. Cinq figures nues, en trois rangées, l'une à côté de l'autre; savoir :

Un homme qui combat, tenant une massue de la main gauche, et de l'autre un
bouclier orné d'un mascaron, et une femme nue, ayant sur la tête un voile qui
lui descend sur le dos.

Un homme tenant une lance de ses deux
mains.

Un autre homme tenant de ses deux
mains élevées une lance, la pointe en bas ;
et un autre encore qui se couvre la tête
d'un bouclier qu'il tient de la main droite,
ayant dans l'autre une lance.

Hauteur : 3 p. 4 lig. Largeur : 2 p. 5 lig.

Le six. Voyez *le neuf.*

Le sept. Sept figures en trois rangées,
l'une au-dessus de l'autre ; savoir :

Un homme debout, tenant une massue
de ses deux mains. Un grand bouclier est
à ses pieds. Un autre homme avec un cas-
que sur la tête qui semble attaquer, tenant
un bouclier de la main droite et de l'autre
une pique.

Un homme armé d'une pique et d'un
bouclier ; il est représenté un genou en
terre. Un homme sonnant d'un cor, et
un autre qui tire de l'arc.

Deux hommes, un genou en terre, et armés d'une massue et d'un bouclier.

Hauteur: 5 p. 1 lig. Largeur: 3 p. 6 lig.

Ce *sept* a été employé pour *le trois*. On a omis lors de l'impression la première et la troisième rangée, et on n'a exprimé que les trois figures de la seconde rangée.

Le huit. Huit figures en trois rangées, l'une au-dessus de l'autre; savoir:

Un homme armé d'une pique et d'un bouclier, un second qui joue de la guitare, et un troisième qui tient un bouclier au-dessus de sa tête.

Un homme tirant de l'arc sur un autre qui est armé d'une massue et d'un grand bouclier.

Un homme vu par le dos, jouant de la guitare, au milieu de deux autres dont chacun porte une massue des deux mains élevées.

Hauteur: 5 p. 3 lig. Largeur: 2 p. 7 lig.

Ce *huit* a été employé pour le *deux*. On a omis lors de l'impression la première et la troisième rangée, et on n'a exprimé que les deux figures de la seconde rangée.

Le neuf. Neuf figures en trois rangées, l'une à côté de l'autre ; savoir :

Une femme nue, ayant sur la tête un voile qui lui descend sur le dos.

Un homme nud, tenant de ses deux mains élevées une lance, la pointe en bas, et un autre qui se couvre la tête d'un bouclier qu'il tient de la main droite, tenant de l'autre une lance.

Une femme qui croise les jambes, une autre qui file au fuseau, et un homme qui combat, tenant une massue de la main gauche, et de l'autre un bouclier.

Un homme dans l'attitude de faire une révérence ; un autre qui dévide, et un troisième qui tient une lance de ses deux mains.

Hauteur : 5 p. 2 lig. Largeur : 3 p. 7 lig.

Ce *neuf* a été employé pour le *six.* On a omis lors de l'impression la première rangée à gauche.

*Le dix *).*

Le valet. Un vieillard sauvage, vu de trois quarts, marchant vers la droite, et tenant une massue de la main gauche. On

---

*) Manque dans le recueil que nous avons vu.

remarque dans le fond de ce côté une femme qui joue de la guitare. Elle est couverte d'un vêtement de feuillage.

Hauteur : 5 p. Largeur : 3 p. 6 lig.

La dame. Une jeune femme nue, assise sur un rocher ; elle a la tête ornée d'une couronne de fleurs, et ses longs cheveux lui descendent sur les deux épaules. Elle cache de la main gauche sa nudité, et leve l'autre vers le visage. Cette planche est d'une forme très irrégulière.

Diamètre de la hauteur : 5 p. 3 lig. Celui de la largeur : 3 p. 7 lig.

Le roi. Un vieillard sauvage, vu de trois quarts, et tourné un peu vers la droite. Sa tête est ornée d'une couronne royale. Il est assis sur un rocher, sur lequel il repose sa main gauche, portant l'autre vers l'estomac.

Hauteur : 5 p. Largeur : 3 p. 7 lig.

Troisième classe dont les points sont marqués par des volatiles.

L'as. Un oiseau marchant vers la droite, les ailes déployées. Il recourbe son long cou, et a le bec d'une cicogne. Sa tête est ornée d'une huppe très allongée qui se termine en pointe.

Hauteur : 3 p. 2 lig. Largeur : 2 p. 5 lig.

Le deux *).

Le trois. Voyez *le neuf*.

Le quatre. Quatre oiseaux en deux rangées, une au-dessus de l'autre ; savoir :

Deux perroquets dont un vole vers le haut, l'autre vers le bas.

Un coq et une espèce de paon.

Hauteur : 3 p. 5 lig. Largeur : 2 p. 7 lig.

Le cinq. Voyez *le neuf* a).

Le six. Voyez *le neuf* b).

Le sept. Sept oiseaux en trois rangées, une au-dessus de l'autre ; savoir :

Une espèce de cicogne qui marche vers la droite, la tête baissée. Un oiseau huppé, volant vers le bas de la gauche.

Une espèce d'aigle qui se dirige vers la gauche, retournant sa tête vers la droite ; un hibou et un autre aigle, vu de profil et dirigé vers la gauche.

Une espèce de pigeon qui marche vers la gauche, ayant la tête retournée vers la droite, et un oiseau à long bec qui se

---

*) Manque dans le recueil que nous avons vu.

dirige vers la droite, ayant la tête retournée vers la gauche.

Hauteur: 5 p. 1 lig. Largeur: 3 p. 7 lig.

Le huit. Huit oiseaux en trois rangées,
une à côté de l'autre; savoir:

Une espèce de cicogne, marchant vers
la droite, ayant le pied droit élevé et la
tête baissée. Un oiseau volant en haut, et
une cicogne tenant un serpent dans le bec.

Un pigeon volant vers le haut, et une espèce de pélican, qui est tourné vers la gauche, ayant les ailes déployées, la tête baissée et le bec ouvert.

Une cicogne marchant vers la gauche.
Un aigle qui se gratte derrière une de ses
ailes, et une cicogne recourbant son cou en
arrière, et levant son bec vers le haut.

Hauteur : 5 p. Largeur : 3 p. 8 lig.

Le neuf a) *). Neuf oiseaux en trois rangées, une au-dessus de l'autre, savoir:

Une espèce d'aigle, vu de profil, et tourné vers la droite; un oiseau huppé qui se

---

*) Les planches des *neuf* ayant été employées pour plusieurs autres cartes, elles se sont nécessairement usées
plutôt que celles des autres cartes de moins de points;
et c'est là vraisemblablement la raison pourquoi il y
a ici deux planches qui expriment le *neuf.*

gratte avec le bec derrière son aile droite, et un autre qui se dirige vers la gauche, ayant la tête baissée.

Un aigle, vu de profil, tourné vers la droite, et ayant les ailes déployées.

Un oiseau à long cou, vu de profil et se dirigeant vers la gauche, en baissant la sête; et un autre oiseau qui se gratte la poitrine avec son bec.

Une espèce d'aigle, vu de profil, dirigé vers la droite, et ayant un pied réplié. Un autre, couché, tourné vers la gauche, et ayant les ailes déployées; et un oiseau approchant pour la forme à une autruche.

Hauteur: 5 p. Largeur: 3 p. 7 lig.

Ce *neuf* a) a été employé pour *le cinq*. On a omis lors de l'impression les quatre oiseaux placés aux quatre coins de la planche.

Le *neuf* b). Neuf oiseaux en trois rangées, une au-dessus de l'autre, savoir:

Une espèce d'aigle, vu de profil, et tourné à droite. Une espèce d'oie, vue de profil, et dirigée vers la gauche, et un autre oiseau qui se gratte la gorge avec son pied, en baissant sa tête.

Un aigle, vu de profil, et tourné vers la droite; il a les ailes déployées.

Un hibou, et un oiseau chimérique, vu de profil, ayant la queue d'un coq et une grande huppe.

Trois oiseaux, vus de profil, et tournés vers la droite. Le premier se gratte le dos, le second leve la tête vers le ciel, et le troisième qui ressemble à une oie, se gratte la gorge avec son pied.

Hauteur: 5 p. 1 lig. Largeur: 3 p. 7 lig.

Ce *neuf* a été employé pour le *trois*. On a omis lors de l'impression la première et la troisième rangée. Il a été aussi employé pour le *six*, en y ayant omis les deux oiseaux du milieu du côté gauche et du côté droit, ainsi que celui du milieu d'en haut.

Le dix *).

Le valet. Un jeune homme, vu de profil, marchant vers la droite. Sa tête est ornée d'une couronne de fleurs, et son corps est couvert d'un mantelet garni par en bas de feuilles de chêne. Vers le haut de la droite est un oiseau qui se gratte

---

*) Manque dans le recueil que nous avons vu.

la poitrine avec son bec; il est vu de profil, et tourné à droite.

Hauteur: 5 p. Largeur: 3 p. 7 lig.

La dame *).

Le roi. Un jeune homme, ayant la tête ornée d'une couronne royale, assis sur une espèce de trône. Il porte la main droite à sa ceinture, et de l'autre montre un hibou qui est gravé au haut de la gauche de l'estampe.

Hauteur: 5 p. Largeur: 3 p. 6 lig.

Quatrième classe dont les points sont marqués par des fleurs.

L'as, représenté par un pied d'alouette.

Hauteur: 3 p. 2 lig. Largeur: 2 p. 4 lig.

Le deux *).

Le trois. Voyez *le neuf* a).

Le quatre *).

Le cinq. Cinq roses rangées deux en haut, deux en bas, à côté l'une de l'autre, et une au milieu de la planche.

Hauteur: 3 p. 6 lig. Largeur: 2 p. 5 lig.

Le six. Voyez *le neuf* b).

Le sept. Sept fleurs en trois rangées, une à côté de l'autre; savoir:

---

*) Manque dans le recueil que nous avons vu,

Une rosé. Une viole triocolore, et un cyclamen.

Une fleur chimérique.

Un cyclamen, une viole tricolore, et une rose.

Hauteur: 5 p. Largeur: 3 p. 8 lig.

Le huit. Huit fleurs en trois rangées, un à coté de l'autre; savoir:

Un pied d'alouette, une rose, et un cyclamen.

Une rose avec la tige en haut, et une autre, la tige tournée en bas.

Une rose au milieu de deux cyclamens.

Hauteur : 5 p. Largeur: 3 p. 7 lig.

Le neuf a). Neuf fleurs en trois rangées, une au-dessus de l'autre; savoir:

Une rose, une fleur chimérique avec un surcroit de trois espèces de cornes, et une autre fleur chimérique avec une seule corne semblable.

Une rose au milieu de deux fleurs chimériques.

Une fleur chimérique de l'espèce de la troisième de la première rangée, une autre fleur chimérique, et une rose.

Hauteur: 5 p. Largeur: 3 p. 8 lig.

Ce *neuf* a été employé pour *le trois*. On

y a omis lors de l'impression toutes les fleurs chimériques, et n'a exprimé que les roses.

Le neuf b). Quatre roses et cinq cyclamens, en trois rangées, une au-dessus de l'autre. La première rangée offre une rose au milieu de deux cyclamens. Il en est de même de la troisième rangée. La seconde présente un cyclamen au milieu de deux roses.

Hauteur : 5 p. Largeur : 3 p. 8 lig.

Ce *neuf* a été employé pour le *six*. On a omis lors de l'impression les deux roses de la seconde rangée, et celle de la troisième.

Le dix ou *le valet.* Un jeune homme debout, vu de face, portant la main droite à sa ceinture où pend une bourse, et de l'autre tenant une espèce de voile qui descend de son chapeau. Ce chapeau, le voile et l'habit sont ornés de franges échancrées. Au bas de la gauche, un cyclamen sort du gazon dont le terrain est couvert.

Hauteur : 4 p. 8 lig. Largeur : 3 p.

Le valet. Un jeune homme dirigeant ses pas vers la droite. Il porte sa main droite à la ceinture de son habit, et tient de la main gauche élevée une fleur chimérique. Une partie du bas de sa robe, en avant, est ornée de franges échancrées.

Hauteur : 4 p. 7 lig. Largeur : 2 p. 11 lig.

La dame. Une jeune femme assise sur une espèce de trône. Elle porte une coiffure d'où pendent des franges échancrées, et qui est surmontée d'une couronne royale. Elle a ses mains sur ses genoux, et tient une fleur dans chacune. Au haut de la droite est une grande rose qui exprime la couleur.

Hauteur : 5 p. Largeur : 3 p. 7 lig.

Le roi. Un homme assis sur une espèce de trône. Sa tête est ornée d'une couronne royale, et son corps couvert d'un manteau bordé de franges échancrées. Il montre de sa main gauche une rose qui est gravée au haut de la gauche de l'estampe.

Largeur : 5 p. 3 lig. Hauteur : 3 p. 7 lig.

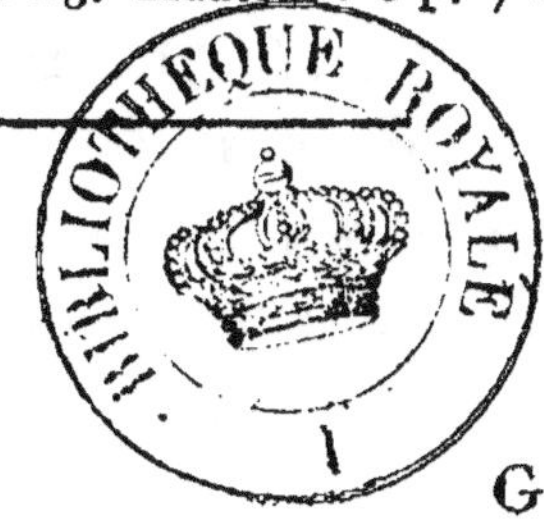

B. CARTES SÉPARÉES.

a. Avec des points marqués par des figures
humaines.

1. *Un deux.*

Deux gladiateurs qui combattent armés
de longs bâtons. L'un, à gauche, est vu de
profil, l'autre, à droite, de trois quarts. Ce
dernier est placé vers le haut de la planche.
Hauteur: 4 p. 8 lignes? Largeur: 3 p. 1 ligne?

2. *Un trois.*

On voit au milieu d'en haut un homme
tenant de ses deux mains un long bâton.
Au bas sont deux hommes qui se battent
au sabre; l'un et l'autre est armé d'une
rondache.
Hauteur: 4 p. 3 lig. Largeur: 3 p.

3. *Un six.*

Une rangée de quatre figures, savoir:
à gauche un homme et une femme sau-
vages qui font des gestes. Au bas de l'homme sauvage est un homme sonnant d'un
petit cor. A droite est une femme et un
homme nuds. Ce dernier tient un long

bâton de la main gauche. Entre ces deux
figures est un écureuil. Au bas, quatre différentes fleurs d'orfévrerie sont rangées
en largeur.

Largeur : 3 p. 3 lig. Hauteur : 2 p. 5 lig.

4. *Un neuf.*

Neuf figures de jeunes gens en trois rangées, l'une au-dessus de l'autre, savoir :
Un jeune homme buvant d'un flacon, un
second qui fait la révérence, un troisième
qui porte un long bâton. Parmi les trois
figures de la seconde rangée se fait remarquer l'homme qui ramasse un ballon. Enfin parmi les trois qui occupent la rangée
d'en bas, on distingue, à gauche, un jongleur faisant une cabriole par-dessus deux
épées croisées.

Hauteur : 4 p. 8 lig. Largeur : 3 pouces ?

5. *Un neuf.*

Neuf figures de jeunes gens, en trois
rangées, l'une au-dessus de l'autre. On
remarque à la première rangée la figure
du milieu qui représente un jeune homme, ayant un poignard à la ceinture, et
marchant vers la gauche. Dans la seconde

rangée, la troisième figure est un homme buvant d'un flacon, et dans la troisième rangée se fait remarque l'hommer faisant une révérence, qui est la dernière figure.

Hauteur : 4 p. 8 lignes ? Largeur : 3 p. 3 lignes ?

6. *Un dix.*

Un dix composé de onze enfans nuds dont deux cependant, qui sont groupes, ne désignent qu'un seul point. Ces enfans sont représentés en différentes attitudes· On remarque particulièrement les quatre enfans qui sont rangés à gauche, l'un au-dessus de l'autre. Le premier et assis, vu de profil et tourné vers la droite. Le se-cond se courbe à terre, et montre le der-rière. Le troisième qui se courbe pareille-ment à terre, montre le dos. Le quatrième, au bas de l'estampe, est couché sur le dos, et tend en haut ses deux jambes et ses deux bras.

Hauteur : 5 p. 6 lig. Largeur : 3 p. 7 lig.

7. *Un roi.*

Un vieillard à grande barbe, ayant la tête ornée d'une couronne royale, assis sur un trône. Il est vu de trois quarts et tourné un peu vers la droite. Il tient de ses deux mains une espèce de chapelet, dont le bout qu'il a dans la main droite, se termine par une houpe.

Hauteur : 4 p. 9 lignes? Largeur : 3 p. 5 lig.

8. *Un cavalier.*

Un homme à cheval, dirigeant ses pas vers la droite. Sa tête est couverte d'un chapeau qui se termine en une pointe courbée. Il tient la bride de la main gauche, et de l'autre fait un geste. Au haut de la droite est un homme qui marche vers la gauche, tenant un long bâton de ses deux mains. Cette figure est de proportion plus petite.

Hauteur: 4 p. 9 lig. Largeur 3 p. 3 lig.

b. Avec des points marqués par des quadrupèdes.

1. *Un as.*

Un as représenté par un cerf, vu de profil, et dirigeant ses pas vers la gauche.

Hauteur : 3 p. 6 lig. Largeur : 2 p. 5 lig.

Ce morceau est une copie en contre-partie de l'as du jeu de cartes, décrit à la page 80.

2. *Un as.*

Un as représenté par un cerf couché, ayant le corps dirigé vers la droite, et la tête retournée vers la gauche de l'estampe.

Hauteur : 3 p. 3 lig. Largeur : 2 p. 4 lig.

3. *Un deux.*

Deux lévriers, l'un au-dessus de l'autre. Celui d'en haut est tourné vers la gauche, et se baisse la poitrine vers terre. L'autre d'en bas saute vers la droite, en retournant sa tête vers la gauche.

Hauteur : 3 p. 11 lig. Largeur : 2 p. 11 lig.

4. *Un deux.*

Un dromadaire vu de profil, et dirigé vers la gauche. Dans le fond un éléphant vu de profil et tourné vers la droite. Ce dernier a le dos chargé d'un fortin à deux tours qui se terminent en pointe.

Hauteur : 3 p. 3 lig. Largeur : 2 p. 5 lig.

5. *Un deux.*

A gauche est une licorne, vue de profil et tournée vers un animal chimérique qui est à droite, et dont la forme approche d'un cochon. On voit dans le fond, à gau-

che un rocher, et à droite un arbre. Le
devant est orné de trois différentes plantes rangées l'une à côté de l'autre.

Hauteur : 3 p. 1 lig. Largeur : 2 p. 5 lig.

6. *Un trois.*

A droite est un cerf, et à gauche un
animal qui a la forme d'un cerf, mais qui
au lieu de bois a de petites cornes. Cet
animal broute du feuillage d'une plante qui
est au devant, au milieu de deux autres.
Une biche se voit vers le fond à gauche.

Hauteur : 3 p. 4 lig. Largeur : 2 p. 6 lig.

7. *Un trois.*

Une colline, au sommet de laquelle est
couché un lapin qui dort. Au bas de cette
colline sont deux autres lapins dont l'un,
à gauche, est vu de face, l'autre, à droite
de profil. Il y a un petit arbre au milieu
d'eux.

Hauteur : 3 p. 3 lig. Largeur : 2 p. 6 lig.

8. *Un trois.*

Une colline, au sommet de laquelle on
voit une grande grenouille. Plus bas sont
deux dragons de différente forme. L'un,

d'eux tend sa tête jusqu'au milieu du devant.

Hauteur : 3 p. 2 lig. Largeur : 2 p. 6 lig.

9. *Un trois.*

A gauche, un lion chimérique s'avance
à droite vers un autre animal chimérique
qui se repose sur ses deux jambes de derrière. Un troisième animal semblable occupe le devant ; il est vu de profil et tourné vers la droite.

Hauteur : 3 pouces ? Largeur : 2 p. 3 lignes ?

10. *Un trois.*

Sur le devant à droite, un lion qui se
repose sur ses deux jambes de derrière,
lève sa patte gauche de devant vers un
autre lion qui s'approche de lui du côté
gauche. Dans le fond, un léopard qui les
regarde, dirige ses pas vers la gauche.

Hauteur : 3 p. 4 lig. Largeur : 2 p. 6 lig.

11. *Un trois.*

A la droite de ce morceau on voit un
ours s'approchant d'un autre qui suce
sa patte gauche de devant. Un troisième
ours, dans le fond à gauche, s'élève le long

du tronc d'un arbre, pour manger du feuillage de sa couronne.

Hauteur : 3 p. 2 lig. Largeur : 2 p. 6 lig.

12. *Un trois.*

Au haut est un lévrier sautant vers la gauche, en retournant la tête vers la droite. Au bas, un chien et un animal ressemblant à un cochon rongeant en commun un os.

Hauteur : 4 p. 2 lig. Largeur : 2 p. 11 lig.

13. *Un trois.*

Ce même morceau gravé par une autre main et en contre-partie de la pièce précédente.

Hauteur : 5 p. Largeur : 3 p. 4 lig.

14. *Un quatre.*

Il est composé de quatre différens chiens dispersés au pied d'une colline qui va en s'élevant vers la gauche. Au devant est un lévrier, vu de profil et tourné vers la gauche ; un petit chien le flaire au nez. Un peu plus vers le fond est un grand chien de chasse, vu de profil et dirigé vers la droite où se repose une espèce de chien de berger.

Hauteur : 3 p. 3 lig. Largeur : 2 p. 7 lig.

Une copie de ce morceau qui est très exacte. On la connoît à ce que le chien de berger n'a point de queue.

Hauteur : 3 p. 4 lig. Largeur : 2 p. 6 lig.

15. *Un quatre.*

Quatre chiens en deux rangées, l'une au-dessus de l'autre ; savoir :

Un chien tourné vers la droite et assis sur son derrière, vis-à-vis d'un autre qui se tient sur ses deux jambes de derrière.

Un chien qui se repose, et un autre qui est couché et qui se lèche le derrière.

Hauteur : 4 p. Largeur : 2 p. 10 lig.

16. *Un cinq.*

Cinq chiens, savoir : deux en haut, un au milieu et les deux autres en bas. Celui du milieu qui est tourné vers la gauche, a un collier avec un grelot.

Hauteur : 4 p. Largeur : 2 p ig.

17. *Un six.*

Six animaux en trois rangées l'une au-
dessus de l'autre; savoir:

Un singe et un lion qui rugit.

Un grand chat et un petit chien.

Un lion et un guenon mangeant du fruit.

Hauteur: 4 p. 6 lig. Largeur: 3 p.

Voyez le *cinq* du jeu de cartes Nr. 3.
Quadrupèdes.

18. *Un sept.*

Sept chiens en trois rangées, l'une au-
dessus de l'autre; savoir:

Un chien couché, retournant la tête
vers un autre qui le mord à la queue.

Un lévrier et un barbet qui se tiennent
sur leurs jambes de derrière.

Trois différens autres chiens dont celui
du milieu tient un bâton de ses deux pattes de devant.

Hauteur: 4 p. 7 lig. Largeur 3 p.

19. *Un huit.*

Huit animaux en trois rangées, l'une à
côté de l'autre; savoir:

Un cerf, une biche couchée, et un daim.

Un chevreau vu de face, et un autre, vu
de profil.

Un capricorne, une biche qui se repose,
et un lynx.

Hauteur : 4 p. 10 lig. Largeur : 3 p. 4 lig.

20. *Un huit.*

Huit chiens en deux rangées, l'une à
côté de l'autre; savoir :

Un chien allant à gauche et retournant
sa tête à droite, un second qui se gratte
l'oreille, un troisième qui est assis sur son
derrière, et un lévrier qui court à droite·

Un chien qui se dirige à gauche, un
second qui se repose, un troisième qui
est couché, ayant la tête tournée vers ses
jambes de derrière, et un quatrième qui
se gratte l'oreille.

Hauteur : 4 p. 9 lig. Largeur : 3 p. 3 lig.

21. *Un neuf.*

Neuf différens animaux en trois rangées,
l'une au-dessus de l'autre; savoir :

Une biche, un ours renversé sur la tête,
et un autre qui est assis.

Un lion, un ours qui regarde en haut, et
une lionne, tous trois assis.

Un lion assis, vu de profil, un autre debout, vu par le dos, et une lionne.

Hauteur : 5 pouces ? Largeur : 3 p. 3 lignes ?

22. *Un neuf.*

Neuf différens chiens, en trois rangées,
l'une au-dessus de l'autre; savoir:

Un chien de chasse qui se gratte la tête,
un lévrier rongeant un os, et un autre
lévrier qui flaire le précédent.

Un chien marchant sur ses deux jambes
de devant, un autre qui se repose, et un
lévrier qui court.

Un chien qui hurle, un autre qui se
tient sur ses deux jambes de derrière, et
un troisième qui se tient sur ses jambes
de devant.

Hauteur: 4 p. 9 lig. Largeur: 3 p. 3 lig.

c. Avec des points marqués par des volatiles.

1. *As.*

Une espèce de héron dirigeant ses pas
vers la droite. Il tient le bec élevé, et
a la tête ornée d'une huppe longue ét
courbée.

Hauteur : 3 p. 1 lig. Largeur : 2 p. 3 lig.

2. *Un deux.*

Un aigle avec les ailes déployées, perché
sur le dos d'un autre aigle qui baisse la

tête. L'un et l'autre est tourné vers la gauche.

Hauteur : 4 pouces ? Largeur : 2 p. 6 lignes ?

3. *Un deux.*

Vers la gauche du haut de l'estampe vole une espèce d'aigle, tenant dans son bec un rinceau d'ornemens. En bas est un paon foulant un serpent de son pied gauche.

Hauteur : 3 p. 3 lig. Largeur : 2 p. 6 lig.

4. *Un deux.*

A la gauche de l'estampe un aigle assaillit, avec les ailes déployées, et un autre oiseau qui a un animal quadrupède mort sous ses pieds. Ce second oiseau a le bec très long, la tête surmontée d'une huppe encore plus longue, et des pattes d'une oie. Ces trois animaux ont des formes chimériques.

Largeur : 3 p. 2 lig. Hauteur : 2 p. 4 lig.

5. *Un deux.*

Un répétition de cette même carte, gravée en contre-partie de la précédente.

Largeur : 8 p. 3 lig. Hauteur : 2 p. 6 lig.

6. *Un trois.*

Au milieu d'en haut est un vautour huppé, avec les ailes déployées, et les jambes écartées; il est perché sur un rinceau d'ornemens. En bas on voit, à gauche un aigle, et à droite un faucon. L'un et l'autre est perché sur un second rinceau d'ornemens.

Hauteur: 3 p. 4 lig. Largeur: 2 p. 6 lig.

7. *Un trois.*

Au milieu d'en haut, un aigle chimérique en l'air, tenant un petit rinceau d'ornemens de ses deux griffes. En bas, à gauche, un second oiseau semblable qui se gratte la poitrine avec son bec; et à droite un troisième qui se tient sur une seule jambe, levant sa tête en haut.

Hauteur : 3 pouces? Largeur : 2 p. 6 lignes?

8. *Un trois.*

Au milieu d'en haut, un pélican. En bas, à gauche une cicogne tenant un petit serpent dans son bec; à droite une espèce d'autruche ayant un fer à cheval dans le bec. Au-dessous de ces deux oiseaux sont deux rinceaux d'ornemens.

Hauteur : 3 p. 3 lignes? Largeur: 2 p. 6 lignes?

9. *Un trois.*

Au milieu d'en haut, un perroquet perché sur un rinceau d'ornemens dont il tient un bout dans son bec. En bas, à gauche un aigle qui se gratte l'aile droite avec son bec, et au côté opposé un autre aigle qui baisse la tête, tenant un rinceau dans son bec.

Hauteur: 3 p. 3 lig. Largeur: 2 p. 6 lig.

10. *Un trois.*

Au milieu d'en haut, un courbeau vole vérs la gauche. En bas sont deux coqs chimériques, l'un vis-à-vis de l'autre au sommet d'une monticule. Celui du côté droit a sa patte droite élevée.

Hauteur: 3 p. 4 lig. Largeur: 2 p. 6 lig.

11. *Un trois.*

Au haut de la gauche est en l'air un coq vu de profil et tourné vers la droite. Au milieu d'en bas, un autre coq, et tourné dans le même sens, est perché sur un rinceau d'ornemens. Il recourbe son cou, et montre le bec au coq qui est en haut. A droite, un autre oiseau, vu de profil et dirigé vers la gauche, tient un rinceau dans

son bec. Ce dernier est huppé, et a le cou
orné de plumes en forme d'une crinière.
Ces trois oiseaux ont des formes chimériques.

Largeur: 3 p. 2 lig. Hauteur : 2 p. 6 lig.

12. *Un trois..*

Trois oiseaux chimériques, savoir: au
haut de la gauche un coq vu de profil et
tourné vers la droite. Il a la patte gauche
élevée, et la tête surmontée d'une huppe
qui s'avance jusqu'à son bec. A droite est
un hibou, vu de face. Au milieu d'en bas,
est un aigle en l'air; il se dirige vers la
gauche, ayant la tête retournée vers la
droite.

Largeur: 3 pouces? Hauteur: 2 p. 6 lignes?

13. *Un trois.*

Trois aigles chimériques. Au haut de
la planche deux, vus de profil, se bécque-
tent. Au milieu d'en bas, le troisième est
perché sur un rinceau d'ornemens. Il a
les ailes déployées, et est tourné vers la
droite.

Largeur: 3 p. 3 lignes? Hauteur: 2 p. 5 lignes?

14. *Un quatre.*

Un pélican sur un bûcher. Il est vu de profil, tourné vers la droite, et s'ouvrant avec son bec la poitrine, pour nourrir du sang qui en coule, ses trois petits assemblés à ses pieds.

Hauteur: 3 p. 4 lig. Largeur: 2 p. 5 lig.

15. *Un cinq.*

Cinq hérons. En haut deux, dont celui qui est à droite, gratte avec son bec la tête de l'autre. En bas deux autres hérons dont l'un se gratte la poitrine, l'autre le pied. Au milieu est un cinquième héron qui recourbe son cou, et tient son bec vers le haut.

Hauteur: 5 p. Largeur: 3 p. 5 lig.

16. *Un cinq.*

Cinq oiseaux, en deux rangées, l'une à côté de l'autre; savoir:

Un aigle avec les ailes déployées, et un hibou.

Une oie qui se gratte la gorge avec le pied; un autre oiseau dans la même attitude, et un pélican.

Hauteur: 3 p. 3 lig. Largeur: 2 p. 5 lig.

17. *Un cinq.*

Quatre faucons dont celui au haut de la droite est représenté volant vers la gauche d'en bas. Au milieu de l'estampe est un héron qui se gratte l'aile droite avec son bec.

Hauteur: 4 p. 4 lig. Largeur: 3 p.

18. *Un six.*

Six oiseaux, en deux rangées, l'une à côté de l'autre; savoir:

Un faucon combattant contre un héron, et un aigle impérial à deux têtes.

Un oiseau ressemblant à un pélican, une espèce d'aigle, et un oiseau chimérique à jambes et bec très longs.

Hauteur: 4 p. 6 lig. Largeur: 3 p.

19. *Un sept.*

Sept oiseaux, en deux rangées, l'une au-dessus de l'autre; savoir:

Un faucon avec les ailes déployées, un pélican et un oiseau chimérique.

Un héron qui se gratte le dos, un autre qui lève le bec en haut, un corbeau et un troisième héron qui se gratte la poitrine avec son bec.

Largeur: 4 p. 5 lig. Hauteur 3 p.

H 2

20. *Un huit.*

Huit oiseaux, en trois rangées, l'une au-dessus de l'autre ; savoir :

Un perroquet, un autre à longue queue, un troisième qui se gratte la tête avec son pied droit, et un pélican.

Un perroquet à longue queue.

Une espèce de héron, un perroquet, et un autre perroquet à longue queue, qui vole.

Largeur : 4 p. 4 lig. Hauteur : 2 p. 11 lig.

21. *Un neuf.*

Neuf oiseaux, en trois rangées, l'une au-dessus de l'autre ; savoir :

Un perroquet avec une queue très longue, un faucon volant, et une perdrix.

Un héron qui se gratte la poitrine avec son bec. Un corbeau, et un second héron.

Une poule qui baisse la tête, un faucon et un autre oiseau qui vole.

Hauteur : 4 p. 9 lig. Largeur : 3 p. 1 lig.

22. *Un homme sauvage montant une licorne.*

La licorne va au galop vers la gauche de l'estampe. L'homme se tient de la main droite à la crinière, et de l'autre à la queue

de la licorne. Au bas de la gauche est un
oiseau qui ressemble à une oie.

Hauteur : 4 p. 3 lig. Largeur 3 p.

23. *Un homme sauvage montant une licorne.*

La licorne qui va au galop, se dirige
vers la gauche de l'estampe. L'homme
s'appuye du bras gauche sur le dos de l'animal, et se tient de l'autre à sa corne. Au
haut de la gauche est un grand oiseau qui
ressemble à un pigeon.

Hauteur: 4 p. 3 lig. Largeur : 3 p. 2 lig.

d. Avec des points marqués par des fleurs.

1. *Un trois.*

Trois fleurs chimériques. L'une, au haut
de la gauche, est penchée vers le bas. La
seconde, au bas de ce même côté, s'élève
vers le haut. La troisième est au milieu
de la droite. Sa tige qui est un.peu courbée, est dirigée vers la droite.

Hauteur : 3p. 3 lig. Largeur: 2 p. 7 lig.

2. *Un sept.*

Sept fleurs en trois rangées, l'une au-
dessus de l'autre. La première rangée of-

fre deux fleurs, la seconde trois, dont
celle du milieu ressemble à une renoncu-
le, et les deux autres aux deux côtés sont
beaucoup plus petites. La troisième rangée n'offre que deux fleurs qui ont la forme d'oeillets.

Hauteur : 3 p. 8 lignes? Largeur : 2 p. 6 lignes?

3. *Un sept.*

Sept fleurs, pour la plus grande partie
chimériques, en deux rangées, l'une à
côté de l'autre. Chaque rangée consiste
en trois fleurs. Entre ces deux rangées,
au milieu de l'estampe, est une rose. On
remarque un écusson d'armes attaché à
la seconde fleur de la rangée du côté droit.

Hauteur : 4 p. 4 lig. Largeur : 3 p.

4. *Un huit.*

Huit différentes fleurs chimériques en
trois rangées, l'une au-dessus de l'autre.
La première en haut en offre trois, la seconde deux et la troisième trois. La dernière de ces fleurs est surmontée d'un petit
héron, vu de profil et tourné vers la gauche. On remarque dans cette même fleur

quelques caractères parmi lesquels on distingue ces lettres V Λ.

Hauteur : 4 p. 5 lig. Largeur : 3 p. 2 lig.

5. *Un neuf.*

Neuf fleurs chimériques en trois rangées,
l'une au-dessus de l'autre. Chaque rangée
offre trois pièces.

Hauteur : 4 p. 4 lig. Largeur : 3 p. 2 lig.

6. *Un roi.*

Un vieillard à longue barbe, ayant une
couronne royale sur la tête, et assis sur
un trône. Il est vu presque de face et tourné un peu vers la gauche. Il croise les
jambes et les bras. Ses mains sont couvertes de gants d'où pendent des houpes.
Vers le haut de la droite est gravé un pied
d'alouette dont la tige sort du dossier du
trône.

Hauteur : 4 p. 9 lignes ? Largeur : 3 p. 4 lignes ?

7. *Un cavalier.*

Un homme armé de toutes pièces, allant
à cheval vers la gauche. Il tient la bride
de la main droite, et porte de l'autre un
bâton courbé à un de ses bouts. Entre les

jambes de derrière de ce cheval, une grande fleur est étendue à terre.

Hauteur: 4 p. 3 lig. Largeur: 3 p.

e. Avec des points marqués par différens sujets entremêlés.

1. *Un quatre.*

Au haut de la gauche, un homme armé d'un bouclier et d'une lance, semble attaquer un grand lion qui est à droite. Un autre lion est à la gauche d'en bas, et à droite on voit un grand aigle qui baisse la tête, ayant les ailes déployées.

Hauteur: 4 p. 9 lignes? Largeur: 3 pouces?

ESTAMPES
DU
SEIZIÈME SIÈCLE.

———

1. Caïn tuant Abel. Au milieu de l'estampe est Caïn, ayant une massue dans la main droite élevée, et de l'autre tenant par les cheveux Abel qui est terrassé sur une butte, s'appuyant sur son bras droit, et levant la main gauche, comme pour demander pitié à son assassin. On voit l'autel de l'oblation vers le fond à gauche. Pièce ronde, gravée dans le goût de *Lucas de Leyde*.

Diamètre: 1 p. 7 lig.

Heinecke range ce morceau parmi les estampes d'*Aldegrever*, cependant en le déclarant douteux. (Diction. Page 110.)

2. Le sacrifice d'Abraham. Abraham au milieu de l'estampe, a la main gauche posée sur la tête de son fils, et élève la droite, avec laquelle il tient un sabre qu'un ange en l'air saisit de ses deux mains pour empêcher le coup. Pièce ronde, gravée d'un burin maigre.

Diamètre: 2 p. 5 lig.

3. Loth avec ses filles. Loth vu de profil et assis à la gauche de l'estampe, tient une écuelle de la main droite, et serre du bras gauche une de ses filles qui lui parle, ayant le bras droit passé sur les épaules de son père. L'autre fille, assise à une table vers le fond de la droite, verse du vin dans une écuelle. Le fond offre de l'architecture. Pièce ronde.

Diamètre : 1 p. 1 o lig.

4. Daniel dans la fosse aux lions. Ce prophète est assis à terre et entouré de quatre lions. Il retourne sa tète vers le haut de la droite où l'on voit un ange portant par les cheveux Habacuc chargé d'approvisionnemens pour Daniel. Ce morceau est gravé d'un burin roide.

Largeur : 2 p. 7 lig. Hauteur : 1 p. 1 o lig.

5. Judith toute nue debout, tenant de la main droite un glaive dont la pointe porte à terre, et de l'autre relevant le rideau de la tente d'Holoferne, dans laquelle on apperçoit un bouclier appuyé contre un lit. Ce morceau est gravé d'un burin peu délié.

Hauteur : 1 p. 9 lig. Largeur : 1 p. 4 lig.

6. La nativité. La Vierge et S. Joseph ado-

rant à genoux l'enfant Jésus couché à terre sur un drap. La Vierge est à la gauche, S. Joseph à la droite de l'estampe. Le fond offre un bâtiment ruiné, dont on remarque deux arcades qui viennent se réunir sur une colonne placée au milieu.

Hauteur : 4 p. 3 lig. Largeur : 3 p. 3 lig.

7. Jésus Christ attaché à la croix. A gauche est debout la Vierge, ayant les bras croisés sur sa poitrine, à droite S. Jean, tenant ses mains jointes et élevées. Ce morceau qui est assez bien gravé au burin, est une copie de la taille de bois d'*Albert Durer* Nr. 55. et 56.

Hauteur : 2 p. 10 lig. Largeur : 1 p. 9 lig.

8. La résurrection. Au milieu d'en haut, le Sauveur tenant sa bannière de la main gauche, s'élève au ciel. En bas, les soldats juifs effrayés se voient en différens groupes. On remarque le tombeau vers la droite, et le soleil couchant dans le fond à gauche. Ce morceau, qui n'est pas mal dessiné, est gravé d'une manière dure qui lui donne un air confus. Pièce ronde.

Diamètre : 2 p. 2 lig.

9. La Vierge assise dans un paysage, al-

laitant l'enfant Jésus qu'elle a sur ses genoux et qu'elle soutient de la main droite. Pièce ronde.

Diamètre : 1 p. 7 lig.

Ce morceau est une copie faite en contre-partie de l'estampe d'*Albert Durer*, (Nr. 34 de son oeuvre) cependant elle diffère par le fond de l'estampe originale.

10. La Vierge assise dans un paysage, et ayant l'enfant Jésus sur ses genoux. Dans le fond, à gauche, on voit des anges qui descendent d'un rocher escarpé par une échelle. Au milieu d'en bas, hors du bord de l'estampe, est l'année 1527.

Hauteur : 1 p. 11 lig. Largeur : 1 p. 5 lig.

11. La Vierge allaitant l'enfant Jésus. Elle est à mi-corps, et vu de face. Elle porte sa main droite sur le sein qu'elle présente à l'enfant Jésus couché sur son bras gauche. Deux anges en l'air au haut de l'estampe, mettent une grande couronne royale sur la tête de la Vierge.

Hauteur : 5 p. 8 lig. Largeur : 3 p. 11 lig.

Ce morceau est mal-dessiné, et la taille en est d'un burin sec, mais très fin.

12. La Vierge assise sur un banc de bois, contre le tronc d'un arbre qui s'élève à

la droite de l'estampe. Elle presse de la main gauche le lait du sein qu'elle donne à l'enfant Jésus assis sur ses genoux. Sur le devant à gauche, un pot de fleurs est placé aux pieds de la Vierge. Le fond de ce même côté offre trois collines qui se succèdent, et sur l'une desquelles est planté un pommier.

Hauteur : 5 p. 9 lig. Largeur : 4 p. 5 lig.

13. S. Christophe dirigeant ses pas vers le devant de la gauche. Il a un bâton dans la main droite, et de l'autre il soutient par le bras l'enfant Jésus qu'il porte sur les épaules. Au haut de la droite est une tablette avec l'année 1520.

Hauteur : 1 p. 10 lig. Largeur : 1 p. 2 lig.

Heinecke attribue cette estampe à *Hans Sebald Beham*, mais sans fondement. (Dict. Page 349.)

14. S. Sébastien percé de flèches, et attaché à un arbre par ses deux bras fort élevés. Il occupe le milieu de l'estampe, et est tourné vers la droite. Sur une des branches de l'arbre est suspendue une tablette avec l'année 1520. (Le 2 à rebours.)

Hauteur : 2 p. 11 lig. Largeur : 2 p.

15. Une Sainte toute nue, peut-être la Madelaine, assise à terre, et ayant les mains croisées sur sa poitrine. Elle semble fermer l'oreille aux paroles du démon séducteur qui est à genoux à son côté gauche, et qui la tient par les deux épaules. On remarque deux chérubins dans des nues, au haut de la gauche. Pièce libre de forme ronde.

Diamètre: 1 p. 3lig.

16. L'homme de douleurs, couronné d'épines, assis sur une pierre carrée, ayant la tête appuyée sur sa main gauche, et de l'autre tenant un roseau. Il est tourné vers la gauche, où on lit les mots: ECCE HOMO, gravés vers le haut.

Hauteur: 2 p. 6 lig. Largeur: 1 p. 9 lig.

17. Les symboles des quatre évangélistes dans des médaillons rangés dans un carré posé en losange. Au milieu d'en haut est l'ange de S. Jean, à gauche l'aigle de S. Matthieu, à droite le boeuf de S. Luc, et au milieu d'en bas le lion de S. Marc. Ces quatre sujets sont dessinés dans le goût de *Martin Schongauer*, mais ils ne sont point d'après ce maître.

Hauteur d'un angle à l'autre: 3 p. 7 lig.

18. Au milieu du devant de ce morceau, un jeune garçon, habillé en moine, est à genoux, tenant un coeur d'où sort le S. Esprit sous la forme d'une colombe. A gauche est, pareillement à genoux, une jeune demoiselle, ayant la tête ornée d'une couronne de fleurs, et tenant une fleur de la main droite. Vers le fond, une autre jeune fille qui tient un arc de la main droite, est assise sur une espèce de trône, à côté de l'enfant Jésus qui a le sein percé d'une flèche. Le long du bord droit de l'estampe est écrit: DU HAST MIR MEIN HERTZ VERWUNDE:VND MIN SCHWÖSTER VND MIN GESPONS.

Hauteur: 2 p. 10 lig. Largeur: 1 p. 11 lig.

19. Un pape et S. Pierre représentés à mi-corps sur une même planche. S. Pierre, à droite, tient la clef de l'église, un filet au lieu d'une crosse, et a la tête couverte d'une nasse au lieu d'une thiare. Le pape, à gauche, porte tous les ornemens de sa dignité, et semble dire: *Petre, pasce oves meas*, paroles écrites au bas de l'estampe, dans un cartouche faisant partie de la bordure qui renferme le sujet. Au-dessus du mot *oves*,

l'année 1553 est gravée en très petits caractères. Ce morceau est gravé à l'eau-forte.

Largeur: 9 p. 4 lig. Hauteur: 7 p. 3 lig.

20. Un *memento mori*. Un cadavre étendu à terre sur un linceul, la tête vers la droite, les pieds vers la gauche de l'estampe. Il est en grande partie rongé par les vers. Au delà du cadavre est une espèce d'autel, sur lequel sont placés trois têtes de mort et quelques autres ossemens. Le pan de cet autel est orné de statues de quatre docteurs de l'église, ménagées en trois panneaux ornés d'arabesques. L'autel se trouve sous une arcade. Au-dessus des trois têtes de mort est une banderole avec cette inscription : GLORIA. QUID. VILE. CARO. TABET. AD. ITE. VENITE.

Hauteur: 3 p. 4 lig. Largeur : 7 p. 3 lig.

Ce morceau dont le sujet est dégoûtant, est mal exécuté. Il paroît être l'ouvrage de quelque graveur du commencement du XVI siècle.

II. HISTOIRE.

1. Lucrèce se donnant la mort. Elle est assise dans une chambre, sur une pierre carrée, vue de profil, et tournée vers la gauche de l'estampe. Elle est nue, n'ayant qu'un voile qui, en descendant de son épaule droite, passe sur ses cuisses, et de là tombe à terre. Elle s'enfonce un grand poignard dans le corps. au-dessus de la hanche. Ce sujet est renfermé dans un médaillon orné de feuillage aux quatre coins de la planche. Hauteur et largeur : 1 p. 8 lig.

2. Lucrèce toute nue, assise sur une large pierre servant de base à une colonne qui s'élève le long du bord droit de l'estampe. Son corps et un pied sont dirigés vers la droite, mais sa tête est retournée vers la gauche. Elle a le bras droit pendant, et de la main gauche elle s'enfonce une longue épée dans l'estomac. Ce morceau est gravé dans le goût de *Jacques Binck*.
Hauteur : 2 p. 1 lig. Largeur : 1 p. 6 lig.

3. Lucrèce représentée toute nue et de face. Elle se perce le sein avec un poignard

qu'elle tient de la main gauche, s'appuyant de la droite sur un lit. Le fond
offre à droite une longue salle.

Hauteur : 3 p. 2 lig. Largeur : 2 p.

4. Lucrèce toute nue et debout, la tête
élevée vers le ciel, et tournée vers la
droite de l'estampe. Elle s'enfonce dans
le milieu du sein un poignard qu'elle
a dans la main droite, et de l'autre elle
tient un voile dont une partie pend sur
son bras droit.

Hauteur : 3 p. 10 lig. Largeur : 1 p. 7 lig.

5. Marc Curce à cheval, se précipitant
dans un gouffre d'où sortent des flammes. Ce héros est dirigé vers la gauche.
Vers le fond à droite est un groupe de
trois hommes qui expriment leur éton-
nement. Vers le haut de la gauche on
lit : MARCVS. CVRTIVS.

Largeur : 3 p. 9 lig. Hauteur : 3 p.

6. Régulus enfermé dans un tonneau hé-
rissé de cloux. A la gauche de l'estampe se voient trois hommes dont l'un
fait rouler le tonneau. Au delà du tonneau, un homme à cheval donne ses
ordres. Il est accompagné d'un soldat
à pied. Pièce ronde gravée à l'eau-forte

par un anonyme dans le goût de *Hans Sebald Beham*, lorsqu'il fut dans sa plus grande force.

Diamètre : 1 p. 8 lig.

Copie de ce morceau, gravée en 1528 par un anonyme peu habile, en contre-partie de l'original. Elle est marquée de la lettre H, gravée au milieu d'en bas, hors du bord. L'année 1528 est gravée à rebours au milieu d'en haut, pareillement hors du bord de l'estampe.

Même dimension.

III. MYTHOLOGIE.

1. Neptune debout dans une conque traînée par deux chevaux marins. Il tient le trident de la main gauche. Vers le haut sont les quatre vents dans des nues. Pièce ronde.

Diamètre : 2 p. 9 lig.

2. Apollon dansant avec les neuf muses qui se tiennent par les mains. Apollon est au milieu, quatre des muses sont à la gauche, les cinq autres à la droite de l'estampe.

Largeur : 5 p. 7 lignes ? Hauteur : 2 p.

Heinecke attribue par erreur ce morceau à *B. Beham.* (Dict. p. 335.)

3. Paris en cuirasse, assis à terre auprès d'une fontaine qui occupe le côté gauche de l'estampe, et au delà de laquelle on remarque Mercure tenant la pomme d'or. A droite, auprès de Paris, sont debout les trois déesses dont une joue du violon. Ce morceau qui est médiocre, est de forme ronde.

Diamètre : 3 p. 4 lig.

4. Le jugement de Paris. Paris armé de toutes pièces, dort couché par terre à la gauche de l'estampe. Les trois déesses se tiennent debout vis-à-vis de lui, à la droite de la planche. Un vieillard tenant la pomme d'or, semble éveiller Paris, aux pieds duquel on remarque un chien. Entre ce vieillard et les déesses, un peu vers le fond, se voit une fontaine. Le fond offre une bataille devant une ville, au delà de laquelle on distingue des vaisseaux sur la mer. Tous ces objets sont très confusement exprimés. Pièce ronde.

Diamètre : 1 p. 8 lig.

5. Combat entre des dieux marins. Au

milieu du morceau un dieu marin assis sur un cheval marin, et ayant une Néréide en croupe, se défend avec un sabre contre trois autres dieux marins qui sont pareillement montés à cheval, et qui portent chacun un bouclier. L'un d'eux, à droite, s'efforce à ravir la Néréide. Ce morceau est très bien gravé dans le goût de *B. Beham.*

Largeur: 3 p. 8 lig. Hauteur: 1 p. 6 lig.

6. Pyrame et Thisbé. Au milieu de l'estampe, Thisbé s'enfonce dans le sein une épée qu'elle tient de la main gauche. Pyrame est étendu mort à ses pieds. Le fond offre un paysage où l'on remarque, à droite une fontaine, à gauche un lion. Ce morceau est gravé d'une taille fine sur un dessein très médiocre.

Hauteur et largeur: 4 p. 9 lig.

7. Orphée assis sur une butte, contre un arbre, et jouant du violon. Il est vu de profil, et tourné vers la gauche. Le fond de ce côté offre quelques fabriques.

Hauteur: 2 p. Largeur: 1 p. 5 lig.

IV. ALLÉGORIES ET EMBLÈMES.

1-4. Les quatre saisons. Suite de quatre estampes dont chacune offre, au milieu la saison sous la figure d'une divinité menée dans un char de triomphe, à droite un des quatre tempéramens de l'homme, et à gauche les trois mois de de la saison respective, qui sont représentés par des hommes portant des drapeaux où les signes du zodiaque sont marqués. Chaque figure est désignée par un nom écrit en latin.

Ces quatre morceaux sont très médiocrement dessinés, et gravés d'un burin fin, mais sec.

Hauteur: 10 p. 10 à 11 lig. Largeur: 1 p. 3 lig.

1) Le printemps offre la déesse Flore, les mois de Mars, Avril et Mai, le tempérament sanguin, les neuf muses, Mercure, Orphée, Pan et Bacchus, enfin comme signes du zodiaque: le belier, le taureau et les gémaux.

2) L'été présente Cérès, les mois de Juin, Juillet et Août, les signes du zodiaque: l'écrevisse, le lion et la vierge. Le tempérament colérique; les dieux Phoebus,

Saturne et la soif, la chaleur, la maturité représentées par des figures allégoriques.

3) L'automne figuré par Pomone, les mois de Septembre, Octobre, Novembre; les signes du zodiaque: la balance, le scorpion et le sagittaire. Le tempérament mélancolique; les dieux Priape, Pallas, Bacchus, Silène, et l'abondance, l'état de malade, l'infirmité représentés par des figures allégoriques.

4) L'hiver représente le dieu Janus, les mois de Décembre, Janvier et Février, les signes du zodiaque: le capricorne, le verseau et les poissons; le tempérament phlégmatique; les dieux Eole, Vulcain, et les figures allégoriques qui désignent le sommeil, la crapule, le froid, les ténèbres, la pauvreté, la goute etc.

La marche des figures se dirige vers la droite.

5-16. Les douze mois. Suite de douze estampes où sont représentés les travaux et les occupations champêtres pendant toute l'année. Chaque morceau est rempli d'un grand nombre de figures très petites, assez bien dessinées et gravées d'un burin délicat. A la droite de chaque estampe est un des signes du zodiaque, et un cartouche qui contient un vers allemand écrit en lettres latines majuscules. Il n'y a que les mois de *Février* et de *Mars* où ce cartouche et le signe du zodiaque se trouvent à la gauche de l'estampe. Ces douze planches sont numérotées depuis 1 à 12. Nr. 8 porte l'année 1584, gravée au bas de la gauche. Il suffira de décrire ici les vers qui se trouvent sur chaque morceau.

1) Janvier.

Im Jenner ich wolleben thue
Brauch Wein und Speis mit guter Rhue.

2) Février.

Die Fasnacht uns der Hornung bringt,
Zum Feldbaw der Ackermann ringt.

3) Mars.

Gaerten un Reben baw ich im Mertz,
Dach Erdtrich auch herumer stertz.

4) Avril.

Ich milck die Kue met gantzem Fleis,
Pflantz die Beum mit Rum und Preis.

5) Mai.

Ich bin der Mey, schön wolgestalt,
Bring Freud und Wonne mannigfalt.

6) Juin.

Brachmon machet uns bekanndt,
Was die Schaff für Wolle hant.

7) Juillet.

Kem ein das Hew, liebs Megtelein,
So wolten wir am Schaten sein.

8) Août.

Ich schneid mein Korn mit Freuden ein,
So fueht man Hasen und Vögelein.

9) Septembre.

Ich lis mein Ops, und see mein Korn,
Auf das nit werd die Zeit verlorn.

10) Octobre.

Frisch auf im Herbst, gehabt euch wol,
Trinckt Most genug, all Fass sind vol.

11) Novembre.

Ich brich das Flax, und trösch mein Korn,
Haw das Holz, und bren die Koln.

12) Décembre.

Ich stich drei Schwein und zwei Rindt,
Damit speis ich mein Hawsgesindt.

17. Un enfant nud endormi, assis à terre,
reposant la tête sur sa main gauche,
et accoudé de ce-même bras sur une

tête de mort. Vers le fond à gauche est le globe terrestre. Au haut de la droite, dans une tablette, est écrit : HODIE MI KRAS TIB. Ce morceau est assez mal dessiné.

Hauteur : 1 p. 8 lig.   Largeur : 1 p. 6 lig.

18. Un jeune homme debout au milieu de l'estampe, exprimant sa frayeur en se voyant enchaîné au sol d'une île, et entourné de démons qui de tous côtés s'avancent vers lui sous les formes les plus hideuses. On remarque dans le fond à droite l'enfer, et à gauche un rocher surmonté d'une potence et d'une roue de supplice. Pièce gravée dans le goût d'*Etienne de Laune*.

Largeur : 3 p. 2 lig.   Hauteur : 2 p. 2 lig.

V. SUJETS D'ENFANS.

1-3. Les enfans soldats. Suite de trois estampes.

Hauteur : 1 p. 1 lig. Largeur : 11 lig.

1) Le porte-enseigne. Un enfant nud, marchant vers la gauche, et ayant un sabre au côté droit. Il a la main gauche sur sa hanche, et de l'autre il porte un drapeau déployé.

2) Le tambour. Il est de face, ayant la caisse attachée au flanc gauche. Au haut de la gauche est une tablette.

3) Le fifre. Il joue de son flageolet, ayant la tête tournée un peu vers la droite. Il porte une ceinture à laquelle est attaché le fourreau du flageolet qu'il a au côté droit, ayant à l'autre côté un sabre dont on ne voit que la poignée. Au haut de la droite est une tablette.

Copie de ce dernier morceau, gravée en contre-partie par un autre anonyme de peu de mérite. Nous ignorons s'il a fait aussi les copies des deux pièces précédentes.

Même dimension.

4. Au milieu de ce morceau, un enfant nud est assis sur le dos d'un chien qui est couché à droite et qui montre les dents. Un autre enfant, au delà du premier, frappe le chien. On ne voit de ce second enfant que la tête et le bras gauche levé à la droite de l'estampe. A la gauche d'en haut est l'année 1521.

Hauteur : 1 p. 4 lig. Largeur : 1 p. 1 lig.

5. Un enfant accroupi, vu de face. Il s'appuye de la main droite contre le terrain,

et a l'autre levée. On voit dans le fond
à gauche un vase d'où sort du feu. L'année 1521 est gravée à la droite d'en
bas.

Hauteur : 1 p. 5 lig. Largeur : 1 p.

6. Un Amour penché et tourné vers la
droite, tenant un rinceau qui remplit
la partie supérieure de la planche. Au
haut de la droite est l'année 1521.

Largeur : 2 p. 3 lig. Hauteur : 1 p. 7 lig.

Ce morceau a été faussement attribué par *Heinecke* à *B. Beham*, (Dict.
Page 339) ainsi que les pièces suivantes
7, 8, 9 et 10 qui ne sont pas non plus
de ce maître.

7. Un enfant ailé, tenant devant lui un
écusson où l'on apperçoit un lion-grif-
fon tourné vers la gauche. L'enfant est
renfermé dans un rond formé de feuilles de laurier, et lié avec des rubans
volans qui remplissent les quatre coins
de l'estampe.

Largeur : 1 p. 11 lig. Hauteur : 1 p. 7 lig.

8. Sept enfans tourmentant une chienne
et ses petits. On voit la chienne au milieu de l'estampe, mordant la chemise
d'un enfant qui s'enfuit vers la gauche.

Les petits de l'animal sont à droite sur
un tas de paille. Pièce en forme de frise.
Largeur : 3 p. 1 lig. Hauteur : 1 p. 5 lig.

9. Danse de dix enfans dont il y en a un
qui saute à travers un cercle. On en remarque à droite un autre qui porte un
poélon et un cuiller. En forme de frise.
Largeur : 3 p. 2 lig. Hauteur : 1 p. 1 lig.

10. Trois couples d'enfans dansant au son
d'une musette, d'un tambourin et d'un
flageolet que jouent trois autres enfans
placés à la droite de l'estampe. En forme de frise.
Même dimension.

11. Neuf enfans traînant et accompagnant
un petit char de triomphe, dans lequel
est assis un dixième enfant qui tient
dans chaque main une branche de feuillage. La marche se dirige vers la gauche.
On remarque un des enfans qui monte
un dada, allant à côté du char.
Largeur : 4 p. 3 lig. Hauteur : 11 lig.

VI. SUJETS DE GENRE.

1. A la droite de ce morceau, vers le fond,
un gentil-homme jouant de la guitare

est assis à table entre deux dames, une
troisième et un autre homme sont assis vis-à-vis, ayant le dos tourné vers
le spectateur. On remarque vers le milieu de l'estampe un valet qui verse du
vin. Plus en avant, vers la gauche, un
homme s'entretient avec une femme, ils
sont debout l'un et l'autre. Au milieu
du devant, deux enfans assis à terre,
s'amusent avec un singe. Pièce ronde.
Diamètre: 1 p. 4 lig.

2. L'homme au sabre à côté d'une femme.
A la droite de l'estampe, un homme
vu de profil, est assis près d'une femme
couronnée de fleurs qui le regarde d'un
air tendre. Il porte sa main gauche sur
la poignée d'un sabre qu'il a au côté,
et de l'autre il serre la main de la femme. On voit à droite un tronc d'arbre.
Pièce ronde.
Diamètre: 1 p. 6 lig.

3. Une femme presque nue assise au milieu de l'estampe sur une butte au pied
d'un arbre. Elle soutient dans son bras
droit un enfant nud qui s'amuse à arracher des feuilles d'un arbrisseau, et qui
de la main gauche prend du fruit qu'un

guerrier, debout à droite, lui présente dans une coupe. Pièce ronde.

Diamètre 1 p. 6 lig.

4. Un soldat allemand assis sur une butte, à côté d'une fille qui lui présente à boire dans une écuelle qu'elle tient de la main gauche. L'homme serre de sa main droite celle de la femme, et a l'autre posée sur son épaule. A droite, derrière la femme, est un fou qui semble épier les deux amans. On voit à gauche un pot et un plat avec du fruit, placés sur la butte. Pièce de forme ovale, tronquée à gauche.

Diamètre de la largeur : 1 p. Celui de la hauteur : 7 lig.

5. Un homme et une femme nuds qui s'embrassent assis à terre, l'un à côté de l'autre. On voit à gauche un homme jouant de la harpe, et à droite un pot et un plat avec du fruit. Pièce de forme ovale, tronquée à gauche.

Diamètre de la largeur : 11 lig. Celui de la hauteur : 8 lig.

Ce morceau a pour auteur le même qui a gravé la pièce précédente.

6. Un fou ayant la marotte sur la tête,

faisant des caresses à une jeune femme qui est assise sur ses genoux. Le fou est placé vers la gauche et tourné vers la droite. Pièce ronde gravée d'un burin maigre.

Diamètre : 1 p. 8 lig.

7. Combat entre trois guerriers à cheval et deux à pied. Le cavalier à gauche est armé d'une massue, celui à droite lance un javelot, le troisième qui est tombé avec son cheval, semble faire des efforts pour se relever. Ce morceau est gravé d'un burin extrêmement délicat et spirituel, et peut être placé à côté des plus belles estampes de *B. Beham* qui cependant ne nous semble pas en être l'auteur.

Largeur : 2 p. 1 lig. Hauteur : 1 p. 3 lig.

8. Un soldat allemand conduisant au bras sa maîtresse. L'un et l'autre sont vus par le dos, et marchant vers le fond à gauche. Le soldat a le bras gauche en l'air, comme pour exprimer son alégresse. Ce morceau est gravé d'un burin très délicat.

Hauteur : 2 p. 6 lig. Largeur : 1 p. 9 lig.

9. Un homme habillé à l'allemande, faisant

des caresses à une jeune femme. L'homme est au milieu de l'estampe, assis sur une butte, et serre de son bras gauche la femme qu'il tient par sa main droite. Médiocre.

Largeur: 4 p 6 lig. Hauteur : 2 p. 1 1 lig.

10. Un soldat debout, vu par le dos, tenant sa pique de la main gauche. A droite s'élève le tronc d'un arbre. L'année 1520 est marquée au milieu d'en haut.

Hauteur : 1 p. 6 lig. Largeur : 1 1 lig.

Heinecke (Dict. p. 336) attribue ce morceau par erreur à *B. Beham*. Le dessein qui est très médiocre, ne s'accorde point à la correction et au goût des autres pièces que ce maître a gravées la même année 1520.

11. Un soldat debout, adossé contre un arbre. Il se penche en avant comme pour vomir, tient sa lance de la main droite, et a l'autre appuyée sur sa hanche. L'année 1520 est gravée au haut de la droite.

Hauteur : 1 p. 1 0 lig. Largeur : 1 p. 6 lig.

Ce morceau a été pareillement attribué par *Heinecke* à *B. Beham*, mais il n'est pas assez bien dessiné pour être de ce maître.

12. Un paysan dirigé vers la droite, ayant un sabre au côté, et un flageolet attaché à son bonnet. Il tient de la main droite une paysanne avec laquelle il danse, et de la gauche il la bat sur le derrière. Au haut de la gauche est l'année 1524.

Hauteur: 2 p. 1 lig. Largeur: 1 p. 5 lig.

Cette estampe est très bien gravée, cependant le burin est très différent de celui de *B. Beham*, à qui *Heinecke* l'a attribuée par erreur. (Dict. p. 336.)

13. Un soldat arrêtant par la bride le cheval d'un porte - enseigne qui se dirige vers la gauche, tenant son drapeau de la main droite, et de l'autre faisant signe derrière lui. Au haut de la droite est une tablette avec l'année 1521.

Hauteur: 2 p. 3 lig. Largeur: 1 p. 7 lig.

Ce morceau vient du même anonyme qui a gravé la pièce Nr. 6, Sect. V. *Heinecke* qui semble avoir regardé toutes les estampes des petits maîtres anonymes qui portent l'année 1520 et 1521, pour des ouvrages de *B. Beham*, a fait l'erreur de lui attribuer aussi celle-ci. Elle se trouve aussi gravée par le maître au monogramme Nr. 8; et par le maître au monogramme Nr. 326.

14. Un porte-enseigne, vu presque de face, dirigeant ses pas vers la droite. Il tient de la main gauche un drapeau déployé et appuyé contre l'épaule. Ce morceau est très médiocre.

Hauteur : 2 p. 2 lig. Largeur : 1 p. 6 lig.

15. Un porte-enseigne marchant vers le spectateur, en retournant sa tête vers la gauche. Il relève le drapeau de la main droite, et de l'autre en tient le manche.

Hauteur : 2 p. 8 lig. Largeur : 1 p. 7 lig.

16. Un soldat allemand, assis sur une souche, ayant la tête tournée vers la gauche. Il porte sa main droite sur son épée qu'il a sur ses genoux, et de l'autre il tient sa lance. Au bas de la gauche est l'année 1516.

Hauteur : 3 p. 9 lig. Largeur : 2 p. 4 lig.

Copie de ce morceau, gravée assez exactement. Au bas de la gauche est l'année 1523.

Même dimension.

17. Un soldat allemand dirigeant ses pas

vers la gauche, et retournant sa tête vers la droite. Il a la main gauche appuyée sur la hanche, et de l'autre tient une pique qu'il porte sur l'épaule. Le lointain offre deux tentes, l'une à gauche, l'autre à droite. Ce morceau est d'un burin sec.

Hauteur: 2 p. 7 lig. Largeur: 1 p. 9 lig.

VII. VIGNETTES, PANNEAUX D'ORNEMENS ET OUVRAGES D'ORFÉVRERIE.

1. Planche ronde, offrant cinq branches de feuillages d'orfévrerie qui naissent au bas. Dans un fond noir.

Diamètre: 1 p. 6 lig.

2. Deux poissons chimériques dont les queues sont jointes au milieu du haut de l'estampe par un anneau. Au milieu d'en bas est une tête de Chérubin. Ce morceau est éclairé du côté droit.

Largeur: 2 p. Hauteur: 9 lig.

3. Une espèce de Sirène qui tient de chaque main un aigle chimérique. Elle est de face, ayant la tête tournée un peu vers la gauche. Ce morceau est le pen-

dant du précédent et gravé par le même maître.

Même dimension.

4. Vignette offrant une tête de mort, au milieu d'un rond composé de deux rinceaux qui se joignent en haut et en bas.

Largeur: 1 p. 4 lig. Hauteur: 7 lig.

5. Vignette offrant deux poissons chimériques qui se regardent, et dont les queues ornées de rinceaux se joignent au bas de l'estampe.

Largeur: 1 p. 5 lig. Hauteur : 7 lig.

6. Vignette offrant un enfant ailé, ayant des mamelles de femme, et des rinceaux au lieu de jambes. L'année 1528 est gravée à droite, à mi-hauteur de la planche.

Largeur : 1 p. 6 lig. Hauteur : 7 lig.

7. Vignette offrant au milieu d'en haut une tête de mort, entre des rinceaux dont celui à gauche est orné d'un mascaron vu de profil. L'année 1528 est gravée au milieu, à mi-hauteur de la planche.

Largeur : 1 p. 6 lig. Hauteur : 7 lig.

8. Vignette où l'on a représenté deux griffons aux deux côtés d'une espèce de

candelabre orné au haut d'un artichaud .
fantastique, sur lequel chaque griffon a
porte une griffe.

Largeur : 2 p. Hauteur : 1 p. 7 lig.

9. Vignette offrant un Satyre couché par 1
terre. Il tient une grappe de raisin de la s
main gauche, et de l'autre deux serpens. .
Au bas de la gauche, la date de 1528 est 1
gravée avec des caractères extrêmement j
petits. Ce morceau est très bien gravé.

Largeur : 2 p. 2 lig. Hauteur : 1 p. 1 lig.

10. Vignette qui peut se doubler au côté
droit où l'on remarque une espèce d'aigle chimérique, placé sur un rinceau
naissant d'un mascaron qui est vu de
profil et tourné vers la gauche.

Largeur : 2 p. 10 lig. Hauteur : 1 p. 11 lig.

11. Vignette offrant un demi-cercle à gauche, un autre à droite. L'un et l'autre
est rempli de feuillages noires sur un
fond blanc. Au milieu d'en bas est un
vase d'où sortent des feuillages menagés
en blanc sur un fond noir, et entremêlés de deux Amours dont celui à
gauche est vu de face, l'autre à droite,
l'est de profil.

Largeur : 2 p. 10 lig. Hauteur : 11 lig.

12. Vignette offrant une tète de lion, vue de face. Elle est au milieu de la planche, entre deux cornes d'abondance dont chacune est surmontée d'une tète d'aigle chimérique. Le reste de la planche est rempli de rinceaux d'ornemens. L'année 1527 est gravée immédiatement au-dessus de la tète du lion.

Largeur : 3 p. Hauteur : 1 p. 6 lig.

13. Vignette offrant un enfant avec le genou droit en terre, à côté d'une femme nue qui est tournée vers la droite, et qui se termine en rinceaux d'ornemens. Pièce gravée d'un burin délicat.

Largeur : 3 p. Hauteur : 1 p. 11 lig.

14. Vignette remplie de rinceaux, parmi lesquels on remarque deux mascarons, vus de profil, placés vis-à-vis l'un de l'autre, et renfermés dans un rond formé par des rinceaux.

Largeur : 3 p. 4 lig. Hauteur : 1 p. 7 lig.

15. Vignette remplie de rinceaux parmi lesquels on remarque au milieu une espèce de cartouche de la forme d'un coeur où l'année 1529 est gravée. A gauche ainsi qu'à droite, se voit une figure chimérique qui a une tète en mascaron, des

mamelles de femme et des ailes au dos.
Ces deux figures ne sont vues qu'à demi.

Largeur : 3 p. 4 lig. Hauteur : 1 p. 8 lig.

16. Vignette offrant à droite une figure
avec un corps de femme et une tête en
mascaron. Cette figure se termine en
un rinceau, sur lequel est perché un
aigle qui vient occuper le haut de la
gauche.

Largeur : 3 p. 6 lig. Hauteur : 2 p. 2 lig.

17. Vignette offrant deux animaux chimériques placés sur des espèces de cornes
d'abondance. Ces animaux ont la tête
d'un aigle, deux jambes de lion, et des
ailes au dos. Ils sont vis-à-vis l'un de
l'autre, et se touchent d'une jambe qu'ils
élèvent, celui à gauche de sa jambe
gauche, et l'autre de sa jambe droite.
Au milieu d'en haut est l'année 1527.

Largeur : 3 p. 11 lig. Hauteur : 1 p. 9 lig.

18. Vignette offrant deux aigles chimériques qui sont en regard, et au milieu
desquels on voit un homme assis, ayant
des ailes au dos, et tenant un caducée
de la main droite.

Largeur : 4 p. Hauteur : 1 p. 8 lig.

19. Vignette dont toute la largeur est occu-

pée par deux rinceaux d'ornemens qui naissent au haut de la gauche et de la droite, et se joignent au milieu. Ce morceau est gravé dans le goût de *H. Aldegrever.*

Largeur: 4 p. 3 lig. Hauteur: 1 p. 3 lig.

20. Un Faune et une Sirène qui se terminent en rinceaux d'ornemens, et qui tiennent une espèce de bouclier placé au milieu de l'estampe. Le Faune est à gauche, la Sirène à droite. Au milieu d'en bas est une tablette sans chiffre. Quelques uns attribuent ce morceau à *Altdorfer*, mais le burin n'en est pas bien conforme à celui des autres pièces de ce maître.

Largeur: 5 p. Hauteur: 1 p. 11 lig.

Cette même vignette a été gravée aussi par *Jacques Binck*; mais nous n'osons pas décider, laquelle des deux planches est l'originale.

21. Panneau d'ornemens qui peut se doubler au côté gauche, où l'on remarque une figure à tète de mascaron et à grande mamelle. Vers le haut de la droite un oiseau est perché sur un des rinceaux.

Largeur: 3 p. 6 lig. Hauteur: 2 p. 2 lig.

22. Montant d'ornemens où l'on remarque
à gauche un cheval ailé qui se termine
en un rinceau, au bout duquel, vers
la droite de l'estampe, est perché un
oiseau chimérique en colère.

Largeur : 5 p. 11 lig. Hauteur : 2 p. 7 lig.

23. Deux enfans assis à terre auprès d'un
vase à deux anses, d'où sortent des rinceaux. L'enfant à gauche tient une des
anses de la main droite, l'autre enfant
tient la seconde anse de la main gauche.

Hauteur : 2 p. 1 lig. Largeur : 1 p. 10 lig.

24. Panneau rempli de feuillages d'ornemens. Ce morceau est cintré par le haut.

Diamètre de la hauteur: 2 p. 2 lig. Largeur me-
surée par en bas: 1 p. 4 lig.

25. Panneau d'ornemens qui ont la forme
d'une espèce de candelabre, où l'on remarque vers le haut deux animaux chimériques qui ont la tête d'un aigle, et une
seule jambe de devant, ressemblante à
celle d'un bouc. Au bas se voient deux
poissons, adossés l'un contre l'autre.

Hauteur : 2 p. 5 lig. Largeur : 1 p. 11 lig.

26. Panneau d'ornemens où l'on remarque au milieu d'en haut une figure chimérique à mi-corps, ayant des ma-

melles de femme, une tête en mascaron
et des ailes déployées. Vers le bas, deux
mascarons vus de profil, sont ménagés
l'un à gauche, l'autre à droite. L'année
1529 est gravée vers le bas du milieu.
Hauteur et largeur : 2 p. 6 lig.

27. Panneau d'ornemens offrant deux femmes nues et ailées qui ont des jambes de
lion. Elles se tournent le dos, et tiennent
des rinceaux d'ornemens qui remplissent
toute la partie supérieure de l'estampe.
L'une et l'autre a le bras droit baissé,
le gauche élevé.
Hauteur : 3 p. Largeur : 1 p. 6 lig.

28. Le buste d'un guerrier, vu de profil,
tourné vers la droite, et ayant un cas-
que sur la tête. Ce buste est dans un
médaillon, au bas duquel sont des ornemens, où se font remarquer deux têtes
de chevaux.
Hauteur : 3 p. 2 lig. Largeur : 2 p. 2 lig.

29. Panneau d'ornemens où l'on remarque au haut une tête de Chérubin, un
peu plus bas deux têtes de chevaux, et
tout au bas deux dauphins chimériques.
Ce morceau est éclairé du côté gauche.
Hauteur : 3 p. 3 lig. Largeur : 1 p. 1 lig.

30. Panneau d'ornemens , où l'on remarque vers le bas du milieu le crâne d'un
animal, entre deux espèces de clairons
d'où sortent deux poissons chimériques
qui s'élèvent vers le haut de l'estampe.
Hauteur: 3 p. 3 lig. Largeur: 1 p. 6 lig.

31. Panneau où l'on a représenté au bas
une espèce de Sirène, vue de face. Au
lieu de jambes, elle a des rinceaux qui
se recourbent vers le haut, et qui se terminent par deux animaux chimériques
à longs cous, dont chacun porte une de
ses jambes de devant sur les épaules de
la Sirène. La partie supérieure de la
planche est remplie de rinceaux.
Hauteur: 3 p. 3 lig. Largeur: 1 p. 7 lig.

32. Panneau d'ornemens. Vers le bas deux
Amours, dont celui à gauche est vu
presque par le dos, sont montés sur
des dragons dont les queues entrelacées
se terminent en rinceaux d'ornemens.
D'autres rinceaux remplissent la partie
supérieure de l'estampe. Chaque Amour
tient une torche à la main.
Hauteur: 3 p. 3 lig. Largeur: 1 p 7 lig.

33. Panneau d'ornemens, au bas duquel
est une femme dont les cuisses se ter-

minent en rinceaux d'où naissent deux animaux chimériques qu'elle embrasse. Ce morceau est gravé dans le goût de *H. Aldegrever.*

Hauteur : 3 p. 3 lig. Largeur : 1 p. 7 lig.

34. Panneau d'ornemens parmi lesquels on remarque vers le bas deux animaux chimériques dont l'un est à la gauche, l'autre à la droite de l'estampe. Ces animaux ont une tête de mascaron sur un cou long et courbé, le corps d'un gros serpent dont le dos est muni d'une aile ornée d'une tête d'aigle. Chaque animal n'a qu'une seule jambe, ressemblante à celle d'un veau.

Hauteur : 3 p. 6 lig. Largeur : 3 p.

35. Montant d'ornemens où l'on remarque au bas deux femmes nues, dont celle à droite est vue de face, et l'autre par le dos. Elles se terminent en rinceaux d'ornemens qui s'élèvent vers le haut, et où l'on voit deux têtes de chevaux. Chacune des deux femmes a sur ses épaules un enfant nud, armé d'un gros os, avec lequel il frappe contre le crâne d'un cheval placé au milieu d'en bas.

Hauteur : 3 p. 6 lig. Largeur : 3 p.

36. Un panneau d'ornemens presque carré, où sont représentées deux femmes
nues qui se terminent en rinceaux, et
dont celle à gauche est vue par le dos,
l'autre de face. Chacune porte sur ses
épaules un enfant qui frappe un crâne
de cheval menagé au milieu d'en bas,
entre les deux femmes. Ce morceau
est gravé dans le goût de *H. Aldegrever.*
Hauteur: 3 p. 7 lig. Largeur: 3 p.

37. Panneau d'ornemens. On remarque
au milieu de ce morceau un Satyre qui
étend ses deux bras, en les faisant passer à travers des trous d'un cartouche
contre lequel il est adossé, et qui est
surmonté de deux autres Satyres dont
celui à droite prend l'autre par la barbe.
Hauteur: 4 p. 2 lig. Largeur: 1 p. 11 lig.

38. Montant d'ornemens, composé de
rinceaux et de feuillages.
Hauteur: 5 p. 10 lig Largeur: 1 p. 6 lig.

39. Montant d'ornemens qui peut se
doubler au côté droit, où l'on remarque vers le milieu la moitié d'un crâne
de boeuf. En bas, un génie ailé, un
genou en terre, tient une massue de
la main gauche, et fourre l'autre dans

le gosier d'un cigne chimérique. Un
peu plus haut se voit un Satyre tenant
d'une main le pied gauche de devant
d'un animal fantatisque.

Hauteur: 5 p. 1 lig. Largeur: 1 p. 10 lig.

40. Panneau d'ornemens où l'on remarque au bas deux Satyres qui se tournent le dos, et portent une main vers
une tablette qui est au-dessus de leurs
têtes, et où l'année 1531 (lue à rebours 1351) est gravée. La partie supérieure est remplie de rinceaux.

Hauteur: 5 p. 2 lig. Largeur : 2 p. 4 lig.

41. Panneau rempli de rinceaux et de
feuillages.

Hauteur: 5 p. 10 lig. Largeur : 1 p. 6 lig.

42. Panneau d'ornemens qui peut se doubler au côté gauche, où l'on remarque
un médaillon avec le buste d'un guerrier, vu de profil et tourné vers la droite. Au milieu du bas de l'estampe est
debout un homme nud , à oreilles d'â-
ne, soutenant de la main gauche un vase
qu'il a sur la tête, et de l'autre montrant
une espèce de candelabre qui s'élève
le long du côté droit de l'estampe.

Hauteur: 6 p. 6 lig. Largeur: 3 p. 3 lig.

43. Panneau d'ornemens où l'on voit au bas deux Sphinx aux deux côtés d'une espèce de candelabre qui occupe le milieu. Chaque Sphinx a en croupe un génie ailé dont celui à gauche porte sa main droite sur son genou, et celui à droite sa main gauche. Ce morceau est gravé d'un burin très sec.

Hauteur: 1 o p. 2 lig. Largeur: 8 p.

44. Dessein des deux côtés d'une gaine. Celui à gauche offre deux Amours debout qui se montrent le dos. L'autre, à droite, présente un homme et une femme qui soutiennent un vase. Ces deux figures se terminent en rinceaux d'ornemens.

La hauteur de chacun de ces desseins est de 3 p. 9 lig.; la largeur, par en haut, de 8 lig. par en bas, de 3 lig.

Cette estampe se trouve souvent divisée en deux morceaux, comme si c'étoient deux pièces de deux planches.

45. Dessein de gaine, offrant des rinceaux d'ornemens, entre lesquels on remarque vers le haut un ange debout sur une boule, et au bas deux enfans nuds placés l'un à côté de l'autre. Chacun se

tient sur une seule jambe , et tient l'autre qui est relevée, avec la main. Ce
morceau est éclairé du côté droit.

Hauteur: 4 p. 4 lig. Largeur par en haut : 11 lig.
    par en bas : 7 lig.

46 Dessein de gaine. On remarque entre
différens ornemens, vers le haut un
mascaron sans menton , plus bas deux
dauphins, et tout au bas une figure
chimérique de femme sans bras et sans
jambes, renfermée dans un médaillon.
Ce morceau est éclairé du côté droit.

Hauteur: 4 p. 8 lig. Largeur par en haut : 1 p. par
    en bas : 7 lig.

47. Dessein de gaine dont la partie supérieure offre un homme nud et debout,
tenant un bouclier de la main gauche,
et de l'autre une masse d'armes. L'année 1531 est gravée sur une pierre au
bas du pied gauche de la figure. La
partie inférieure est remplie d'un montant d'ornemens d'orfévrerie.

Hauteur : 5 p. 5 lig. Largeur par en haut : 1 p.
    3 lig. par en bas : 9 lig.

48. Dessein de gaine de couteau. La partie
supérieure offre la figure de Mars debout, tenant un sabre de la main droite,

L 2

et de l'autre s'appuyant sur son bouclier. La partie inférieure montre un
panneau d'ornemens d'orfévrerie. La
figure de Mars a beaucoup de rapport
avec celle d'une estampe du maître au
monogramme Nr. 170. a, dont cependant
elle n'est point la copie.

Hauteur : 5 p. 6 lig. Largeur par en haut : 1 o lig.

par en bas : 7 lig.

49. Dessein de gaine. La partie d'en bas
offre des grotesques entremêlés d'un
mascaron, de deux animaux chimériques et deux têtes de lion. A mi-hauteur de la planche, un enfant nud assis,
porte sur son dos une planche ronde
sur laquelle est debout Hercule armé
d'une grande massue qu'il tient de la
main gauche.

Hauteur : 6 p. 3 lig Largeur d'en haut : 1 p. Celle

d'en bas : 7 lig.

50. Dessein de gaine. La partie supérieure offre un soldat remettant son épée
dans le fourreau qu'il tient de la main
gauche. A ses pieds est étendu un homme nud qu'il vient de décapiter. La
partie inférieure représente vers le bas
une Sirène accroupie, ayant sur sa tête

un vase d'où sortent des feuillages, à
une branche desquels le crâne d'un animal quadrupède est suspendu.

Hauteur: 6 p. 3 lig. Largeur d'en haut : 1 p. Celle
d'en bas: 8 lig.

51. Dessein de gaine. La partie inférieure
offre un enfant nud assis, tenant un
petit serpent de chaque main, et ayant
sur la tête un vase, d'où sort un rinceau d'ornemens surmonté d'un plat
rond, sur lequel est debout Lucrèce se
donnant la mort. Elle est vue de profil et
tournée vers la droite. Elle s'enfonce un
grand poignard de la main gauche, et tient
de l'autre le bout d'un voile. Ce morceau
est gravé dans le goût de *B. Beham*.

Hauteur: 6 p. 4 lignes? Largeur par en haut :
1 p. 1 lig. par en bas : 9 lig.

52. Dessein de gaine. La partie supérieure représente Hercule étouffant Anthée.
Dans celle d'en bas on remarque un
boeuf qui se tient sur ses deux jambes
de derrière, et de la tête duquel naissent des rinceaux d'ornemens, surmon-
tés d'un enfant nud debout. Ce morceau
est éclairé du côté droit.

Hauteur: 6 p. 4 lig. Largeur par en haut : 1 p.
1 lig. par en bas : 9 lig.

53. Dessein de poignard dont le fourreau représente un officier allemand debout, qui embrasse une dame. Celle-ci est à gauche, l'officier à droite.

Hauteur: 12 p. 9 lignes? Largeur d'en bas: 1 p. 8 lig. Celle d'en haut: 3 p. 3 lignes?

PORTRAITS.

1. Portrait de François I, roi de France, en buste, vu de profil et tourné vers la gauche. Il a la barbe longue, les cheveux courts et la tête couverte d'un chapeau rond. Cette estampe qui est de forme ronde, est attribuée par quelques uns à *Jacques Bink.*

Diamètre: 1 p. 6 lig.

TABLE
du catalogue des estampes originales des vieux maîtres allemands anonymes.

Page.

Estampes du quinzième siècle.

I. Sujets de la bible. 1

II. Vierges, Saints et autres sujets pieux. . 10

III. Sujets profanes. 39

IV. Rinceaux d'ornemens. 61

V. Lettres de l'alphabet. 68

VI. Cartes à jouer. 70

   A. Jeux entiers. 70

   B. Cartes séparées. 98

     a. Avec des points marqués par des figures humaines. . . . . . : . 98

     b. Avec des points marqués par des quadrupèdes. 101

     c. Avec des points marqués par des volatiles. 109

     d. Avec des points marqués par des fleurs. 117

     e. Avec des points marqués par différens sujets entremêlés. 120

Estampes du seizième siècle.

I. Sujets pieux. 123

II. Histoire. 131

III. Mythologie. 133

168

		Page.
IV.	Allégories et emblèmes.	136
V.	Sujets d'enfans.	140
VI.	Sujets de genre.	143
VII.	Vignettes, panneaux d'ornemens et ouvrages d'orfévrerie.	150
VIII.	Portraits.	166

TABLE DES COPIES

GRAVÉES PAR

DES ANONYMES

D'APRÈS LES ESTAMPES

DES

VIEUX MAITRES

CONNUS PAR LEURS NOMS OU PAR LEURS CHIFFRES, AINSI QUE DES PIÈCES, QUI APPARTIENNENT A CES MAITRES CONNUS, MAIS LESQUELLES NE SONT POINT MARQUÉES.

VIEUX TESTAMENT.

	Vol.	Pag.	Nro.
Adam et Eve, et le créateur. Par le graveur de l'an 1466.	VI.	4	1
Adam et Eve. Par Barth. Beham.	VIII.	84	1
Adam et Eve chassées du paradis. Copie d'après H. S. Beham.	VIII.	118	7
l'Ange consolant Agar; dans un paysage. Par H. S. Lautensack.	IX.	227	54
Amnon et Thamar. Par le maître au monogr. 8.	IX.	118	3
Balaam monté sur une ânesse, arrêté par l'ange. Par H. S. Lautensack.	IX.	227	55
Dalila coupant les cheveux à Samson. Par le graveur de l'an 1466.	VI.	4	2
—— —— Le même sujet. Par le même.	VI.	5	3
David appercevant Bethsabée dans le bain. Copie d'après G. Pencz.	VIII.	326	21
David tuant un lion. Par le graveur de l'an 1466.	VI.	5	4
—— —— Par le même.	VI.	5	5
—— —— Par le même.	VI.	6	6
l'Histoire de l'ancien et du nouveau testament Suite de cent vingt pièces. Par Aug. Hirschvogel.	IX.	171	1

	Vol.	Pag.	Nro.
Joseph et la femme de Putiphar. Par le maître au monogr. 8	IX.	119	6
Judith. 1523. Par B. Beham.	VIII.	84	2
Judith. 1525. Par le même.	VIII.	85	3
Judith, à mi-corps. Par le même.	VIII.	85	4
Moise et S. Pierre. Par J. Duvet.	VII.	502	9
Salomon adorant les idoles. Par le graveur de l'an 1466.	VI.	7	8
Salomon (le jugement de) Par le même.	VI.	6	7

NOUVEAU TESTAMENT.

l'Annonciation. Par le graveur de l'an 1466.	VI.	8	9
l'Annonciation. Copie d'après M. Schongauer.	VI.	119	1
l'Annonciation. Par J. Duvet.	VII.	499	3
l'Annonciation. Par le maître à l'écrevisse.	VII.	527	1
Baptême (le) de Jésus Christ. Copie d'après M. Schongauer.	VI.	123	8
Circoncision (la) D'après le maître au monogr. Nr. 170. a.	VIII.	299	1
Crucifix. Petite planche ronde. Par Albert Durer.	VII.	44	23
Famille (la sainte) Par le même.	VII.	61	43
Fuite en Egypte. Copie d'après M. Schongauer.	VI.	123	7
Hérodiade portant la tête de S. Jean sur la table d'Hérode. Copie d'après G. Pencz.	VIII.	327	29

	Vol.	Pag.	Nro.
l'Homme de douleurs, assis. 1515. Par Albert Durer.	VII.	44	22
Jésus (le petit) assis. Copie d'après H. S. Beham.	VIII.	126	22
Jésus Christ. Voyez à l'article SAINTS, les douze apôtres.			
Jésus Christ à la montagne des oliviers. Par Lucas de Leyde.	VII.	375	66
Jésus Christ en jardinier apparoissant à Madelaine. Copie d'après M. Schongauer.	VI.	130	26
Jésus Christ et la Vierge à mi-corps. 1519. Par Altdorfer.	VIII.	45	9
Judas Iscariot pendu. Par Jean Duvet.	VII.	503	11
Nativité (la) Par le graveur de l'an 1466.	VI.	8	11
Nativité (la) Par le même.	VI.	9	12
Nativité (la) Par le même.	VI.	10	13
Nativité (la) Copie d'après M. Schongauer.	VI.	120	4
Nativité (la) Copie d'après M. Schongauer.	VI.	122	5
Nativité (la) Par J. Duvet.	VII.	499	4
Nativité (la) Par le maître à l'écrevisse.	VII.	528	2
Nativité (la) Par le même.	VII.	529	3
Passion (la) de Jésus Christ. Douze Pièces. Par le graveur de l'an 1466.	VI.	11	15-26
Passion (la) de Jésus Christ. Douze			

	Vol.	Pag.	Nro.
pièces. Copies d'après M. Schongauer.	VI.	128	20
Passion (la) de Jésus Christ. Douze pièces. Par Isr. de Mecken.	VI.	206	10-21 14
Pentecôte (la) Par le graveur de l'an 1466.	VI.	12	27
Portement de la croix. Par Lucas de Leyde.	VII.	375	67
Rois (les trois) adorant l'enfant Jésus. Par le graveur de l'an 1466.	VI.	10	14
Samaritain (le bon) Dans un paysage. Par Lautensack.	IX.	228	57
Sauveur (le) Par le graveur de l'an 1466.	VI.	31	83
Sauveur (le) nud et debout. Par Isr. de Mecken.	VI.	286	218
Sauveur (le) prenant congé de sa mère. Par le maître à l'écrevisse.	VII.	530	5
Sauveur (le) vêtu et debout. Par Isr. de Mecken.	VI.	286	219
Sépulture (la) de J. C. Par J. Duvet.	VII.	500	6
Suaire (le) soutenu par deux anges. Par D. Hopfer.	VIII.	476	16
Tête de Christ. 1520. Par B. Beham.	VIII.	87	9
Copie de cette pièce, sans année.	VIII.	87	9
Visitation (la) Par le graveur de l'an 1466.	VI.	8	10

VIERGES.

Vierge (la) à la couronne d'é-

	Vol.	Pag.	Nro.
toiles et au sceptre. Copie A. d'après Albert Durer.	VII.	53	32
Vierge (la) à la fenêtre. Par B. Beham.	VIII.	87	8
Vierge (la) à la tête de mort. Par le même.	VIII.	85	5
Vierge (la) au perroquet. Par le même.	VIII.	86	7
Vierge (la) au pot de fleurs. Par le même.	VIII.	86	6
Vierge (la) assise, avec l'enfant Jésus. Et une copie. Par et après le graveur de l'an 1466.	VI.	13	28
Vierge (la) assise, avec l'enfant Jésus. Par le même.	VI.	16	34
Vierge (la) assise. Copie d'après H. S. Beham.	VIII.	123	18
Vierge (la) assise sur un autel. Par le maître au monogr. 176.	IX.	145	5
Vierge (la) avec l'enfant Jésus qui est au bain, servi par une servante. Par le graveur de l'an 1466.	VI.	32	85
Vierge (la) avec l'enfant Jésus debout. Par Isr. de Mecken.	VI.	286	220
Vierge debout avec l'enfant Jésus. Par le graveur de l'an 1466.	VI.	14	31
Vierge debout. Par le même.	VI.	15	33
Vierge entre deux anges. Par le même.	VI.	15	32
Vierge à mi-corps. Copie d'après M. Schongauer.	VI.	132	29

176

	Vol.	Pag.	Nro.
Vierge (la) un ange ét un S. religieux. Par Isr. de Mecken.	VI.	287	221
Vierge (Dieu donnant la bénédiction à la) Par le graveur de l'an 1466.	VI.	33	87
Vierge (la mort de la) Copie d'après M. Schongauer.	VI.	134	33

DIFFERENS AUTRES SUJETS PIEUX.

	Vol.	Pag.	Nro.
Anges (les) transportant la maison de Lorette. Par le maître au monogr. 176.	IX.	145	4
Bible (différens sujets de la) Suite de vingt trois estampes gravées dans le goût d'Isr. de Mecken.	VI.	295	1-23
Proverbes (cinq) figurés. Par Isr. de Mecken.	VI.	287	222
Symboles (les) des quatre évangélistes. Suite de quatre estampes. Copies d'après M. Schongauer.	VI.	152	73-76
Trinité (la) Par le graveur de l'an 1466.	VI.	18	37
Vierges (les) sages et les Vierges folles. Suite de dix estampes. Copies d'après Mr. Schongauer.	VI.	153	77-81 et 82-86

SAINTS ET SAINTES.

	Vol.	Pag.	Nro.
Anne. Par Isr. de Mecken.	VI.	293	232
Antoine tourmenté par les démons. Copie d'après M. Schongauer.	VI.	140	47
Apôtres (les douze) Par le graveur de l'an 1466.	VI.	19	38-49

	Vol.	Pag.	Nro.
Apôtres (les douze) et Jésus Christ. Par le même.	VI.	21	50-62
Apôtres (les douze). Par Mart. Schongauer.	VI.	136	34-45
Apôtres (les) représentés debout dans le goût d'Isr. de Mecken.	VI.	296	24-35
Augustin. Par le maître à la navette.	VI.	96	11
Barbe. Copie d'après M. Schongauer.	VI.	148	63
Barbe. Par Isr. de Mecken.	VI.	294	233
Barbe (la décollation de Ste.) Par le graveur de l'an 1466.	VI.	31	81
Benoît. Par Isr. de Mecken.	VI.	289	223
Bernard. Par le même.	VI.	289	224
Catherine. Par le même.	VI.	294	234
Christophe. 1520. Par B. Beham.	VIII.	87	10
Evangélistes (les quatre) assis. Par le graveur de l'an 1466.	VI.	23	63-66
Evangélistes (les quatre) assis. Par le même.	VI.	25	67-70
Evêque tenant un petit marteau, un calice et sa crosse. Par le même	VI.	30	80
François. Par le même.	VI.	30	79
François. Par Isr. de Mecken.	VI.	289	225
George. Par le graveur de l'an 1466.	VI.	29	78
George Par M. Schongauer.	VI.	142	52
Grégoire célébrant la messe. Par Isr. de Mecken.	VI.	290	226

X. Vol.   M

	Vol.	Pag.	Nro.
Grégoire célébrant la messe. Par le même.	VI.	290	227
Grégoire célébrant la messe. Par le même.	VI.	291	228
Grégoire célébrant la messe. Par le maître à l'écrevisse.	VII.	53a	21
Hubert. Par Isr. de Mecken.	VI.	291	229
Jacques le majeur, et Jean l'évangéliste. Par le graveur de l'an 1466.	VI.	26	72
Jean Baptiste. Par le graveur de l'an 1466.	VI.	28	74
Jean Baptiste. Copie d'après Mart. Schongauer.	VI.	143	54
Jean Baptiste. Par Isr. de Mecken.	VI.	292	230
Jean Baptiste, Pierre, André, Christophe, Jean l'évangéliste, et quelques autres Saints debout. Par le maître au monogramme 255.	VII.	550	6
Jean Baptiste et Jean l'évangéliste, vus jusque aux genoux. 1528. Par J. Duvet.	VII.	501	8
Jean l'évangéliste dans l'île de Pathmos. Par Isr. de Mecken.	VI.	293	231
Jerôme. Petite planche ronde. Par Alb. Durer.	VII.	78	62
Madelaine (Marie) Par Isr. de Mecken.	VI.	294	235
Michel. Copie d'après M. Schongauer.	VI.	146	58

	Vol.	Pag.	Nro.
Pierre assis. Avec une Copie. Par et d'après le graveur de l'an 1466.	VI.	27	73
Sebastien. Copie d'après Martin Schongauer.	VI.	146	59
Sebastien. Copie d'après Wenceslas d'Olmutz.	VI.	332	29
Sebastien (le martyre de) Par le graveur de l'an 1466.	VI.	28	75
Sebastien (le martyre de) Par le même.	VI.	28	76
Sebastien (le martyre de) Par le même.	VI.	29	77
Sebastien, Antoine et Roch. Par Jean Duvet.	VII.	502	10
Véronique (la) Par le graveur de l'an 1466.	VI.	31	82

HISTOIRE PROFANE.

	Vol.	Pag.	Nro.
Cimon nourri par sa fille. 1525. Par B. Beham.	VIII.	88	11
Cleopatre. 1524. Par le même.	VIII.	88	12
d'Hélène (l'enlevement) Par le même. Et une Copie.	VIII.	89	13
Lucrèce. Par le même.	VIII.	89	15
Lucrèce. Par Alb. Altdorfer.	VIII.	56	41
Lucrèce. Par B. Beham.	VIII.	89	14
Mutius Scevola. Par G. Pencz.	VIII.	341	74)
Titus Cracchus. Par B. Beham.	VIII.	90	17
Trajan rendant justice à une veuve. Copie d'après H. S. Beham.	VIII.	149	82

	Vol.	Pag.	Nro.

BUSTES ET PORTRAITS.

	Vol.	Pag.	Nro.
Buste de Faustine. Par Augustin Hirschvogel.	IX.	178	28
Trois bustes de rois et de reines. Dans des médaillons. *V. Imp. Carl. Isabela* etc. Par V. Solis.	IX.	295	437
Trois bustes dans des médaillons. *Romum, Romolus* etc. Par le même.	IX.	295	438
Six bustes. *Aurelia Imp. Gordianus* etc. Par le même.	IX.	299	447
Six bustes. *Rex Poloni. C. in Pol.* etc. Par le même.	IX.	300	451
Sept médaillons avec des bustes de princes. Suite de sept estampes. Par Aug. Hirschvogel.	IX.	178	29-35
Baldermann (Erasme). 1535. Par B. Beham.	VIII.	111	63
Beck (Marc) et son épouse. Par Aug. Hirschvogel.	IX.	179	37
Claude de France. Copie d'après J. Bink.	VIII.	293	90
Christierne roi de Dannemarc, à mi-corps. Pièce faussement attribuée à H. Lautensack.	IX.	230	—
Christierne II, roi de Dannemarc. Copie d'après J. Bink.	VIII.	294	91
Feyerabend (Sigismond). Par Josse Amman.	IX.	364	20

	Vol.	Pag.	Nro.
François I, roi de France. Copie d'après J. Bink.	VIII.	293	89
Henri II, roi de France, debout. Par J. Duvet.	VII.	516	45
Herberstein (Sigismond) à mi-corps. Par Aug. Hirschvogel.	IX.	179	38
Louis, Duc de Bavière. Par Barthélemy Beham.	VIII.	110	62
Luther (Martin). Copie d'après H. Aldegrever.	VIII.	416	184
Pereny (Pierre) en buste. Par Aug. Hirschvogel.	IX.	180	41
Peucer (Casper). 1575. Par le maître au monogramme 37.	IX.	539	26
Savant inconnu, à mi-corps. Par Josse Amman.	IX.	364	21
Schall, (Conrad de) en buste. Par Aug. Hirschvogel.	IX.	181	42
Schwarz (Etienne). Par le même.	IX.	181	43
Zwingl (Udalric). Par le maître au monogramme 37.	IX.	542	30

MYTHOLOGIE.

l'Amour en postillon. 1520. Par B. Beham.	VIII.	97	32
l'Amour monté sur un dauphin. Par le même.	VIII.	91	19
Amour (un) qui tient un vase, assis sur un bouc couché. Copie d'après H. Aldegrever.	VIII.	425	209
Amour tenant un clairon. Copie d'après le même.	VIII.	425	211

	Vol.	Pag.	Nro.
l'Amour, un homme et une femme. 1528. Par J. Duvet.	VII.	517	38
Amours (deux) supportant un globe. Copie d'après Aldegrever.	VIII.	425	208
Amymone enlevée par Triton. Copie d'après G. Pencz.	VIII.	349	93
Apollon et Daphne. Par B. Beham.	VIII.	93	25
Cérès assise. Par le maître au monogramme 37.	IX.	537	18
Combat de deux dieux marins. Par B. Beham.	VIII.	92	24
Flore. Marqué *Flora*. Par le même.	VIII.	92	21
Jupiter lançant ses foudres. Par le maître au monogramme 37.	IX.	537	19
Mercure en l'air. Par le maître au monogramme 37.	IX.	536	17
Pallas. Par Lucas de Leyde.	VII.	412	139
Paris (le jugement de) Petite planche ronde. Par A. Durer.	VII.	80	65
Paris (le jugement de) Pièce ronde. Par B. Beham.	VIII.	94	26
Saturne. 1533. Par H. Aldegrever.	VIII.	390	80
Satyre ailé, soutenu en l'air par deux enfans. Copie d'après H. Aldegrever.	VIII.	425	210
Satyre, une femme nue et un enfant sous une tente. 1548. Par Aug. Hirschvogel.	IX.	172	7
Triton (un) et une Néréide. Par B. Beham.	VIII.	92	22
Triton (un) et une Néréide. Par le même.	VIII.	92	23

	Vol.	Pag.	Nro.

SUJETS ALLÉGORIQUES.

l'Avare. Par B. Beham. . . VIII. 99 38
Charité (la) Copie d'après H. S. Beham. . . . . . . VIII. 168 137
Fortune (la bonne) Copie d'après le même. . . . . . . VIII. 170 140
Fortune (la) contraire. Copie d'après le même. . . . . VIII. 170 141
Force (la) 1528. Copie d'après H. Aldegrever. . . . . VIII. 403 133
Mois (les douze) de l'année. Par Jean Siebmacher. . . . . IX. 596 12-23
Monde (le) comme il va. *Der Welt Lauf*. 1525. Par Barthélemy Beham. . . . . VIII. 100 39
Mort (la) et le soldat. Copie d'après Jacques Bink. . . . VIII. 276 51
Mort (la) se saisissant d'une femme. 1526. Par H. S. Beham. VIII. 173 147
Mort (la femme surprise par la) Par B. Beham. . . . . VIII. 101 41
Mort (le souvenir de la) *Respice finem*. Copie d'après H. Aldegrever. . . . . . . VIII. 404 134
Mort (quatre têtes de) *Mors omnia aequat*. Par B. Beham. VIII. 95 28
l'Orgueil représenté par une femme nue. Par Altdorfer. . . VIII. 62 60
l'Orgueil représenté par une femme nue. Par Ladenspelder. . IX. 64 16
Paresse (la) représentée par une femme nue. Par le même. . IX. 65 17

184

	Vol.	Pag.	Nro.
Patience (la). Copie d'après H. S. Beham.	VIII.	168	138
Saisons (les quatre) de l'année. Suite de quatre estampes. Copies B et C. d'après V. Solis.	IX.	263	135. 136

SUJETS DE FANTAISIE.

	Vol.	Pag.	Nro.
Apprentis (deux) qui se battent. Copie d'après M. Schongauer.	VI.	158	91
Banquet (le) amoureux. Par le graveur de l'an 1466.	VI.	35	90
Cavalerie (une division de) en ordre de bataille, sur trois rangs. Par le maître au monogramme 328.	VI.	64	27
Chasse à l'ours. Par le maître au monogramme 84.	IX.	469	101
Chasse à l'ours. Par V. Solis.	IX.	287	382
Chasses (différentes). Par J. Siebmacher.	IX.	595	1-10 et 11
Chasseurs (des) apportant un présent à un roi assis auprès de Diane. Par J. Duvet.	VII.	513	39
Combat d'hommes nuds. Par B. Beham.	VIII.	90	16
Combat d'hommes nuds. Par B. Beham.	VIII.	91	18
Courier (un) à cheval. Par Alb. Durer.	VII.	95	81
Danseurs (un couple de) Copie d'après H. Aldegrever.	VIII.	410	154
l'Enfant et le chien. 1525. Par B. Beham.	VIII.	96	30

	Vol.	Pag.	Nro.
l'Enfant et le rinceau d'ornemens. Par le même.	VIII.	105	51
l'Enfant dormant sur une tête de mort. Par le même.	VIII.	96	31
Enfant, le genou droit en terre, portant un trophée. Copie d'après H. Aldegrever.	VIII.	424	207
Enfant montant un dada. Par Altdorfer.	VIII.	58	47
Enfant nud dans une galerie. Par le maître au monogr. 176.	IX.	148	14
Enfans (les) et le char. Par Alb. Altdorfer.	VIII.	58	48
Enfans (des) nuds, dansant en rond, sous un dais. Copie d'après H. Aldegrever.	VIII.	423	205
Enfans (des) précipitant deux de leurs compagnons dans un puits. Copie d'après H. Aldegrever.	VIII.	442	267
Enseigne (un) allemand se défendant contre des soldats. Par D. Hopfer.	VIII.	489	67
Escrimeurs (plusieurs) 1541. Par le maître au monogr. 105.	IX.	165	4
Femme assise sur une cuirasse. Par Alb. Altdorfer.	VIII.	61	57
Femme assise sur une cuirasse. Par B. Beham.	VIII.	91	20
Femme baignant ses pieds. Pièce libre. Par le même.	VIII.	98	36
Femme couchée, vue par le dos.			

186

	Vol.	Pag.	Nro.
Seconde épreuve. Par H. S. Beham. . . . , .	VIII.	209	215
Femme couchée, vue par le dos. Par B. Beham.	VIII.	102	43
Femme tenant un écusson d'armes. Par le graveur de l'an 1466.	VI.	36	92
Femmes (trois) au bain. Par B. Beham.	VIII.	98	37
Femmes nues (le groupe de quatre) Copie D. d'après Durer.	VII.	90	75
Figures (cinq études de) Par le même.	VII.	84	70
Fou avec la marotte sur la tête. Par Isr. de Mecken. . . .	VI.	295	236
Fou (le) et la femme. Par Barthélemy Beham.	VIII.	104	48
Génie ailé, un genou à terre, sonnant d'une trompe. Copies A et B d'après le maître au monogramme 170.a. . . .	VIII.	309	32
Génie à genoux. Par B. Beham.	VIII.	96	29
Génie tenant un écusson. Par le même.	VIII.	105	52
Guerrier et une femme qui tient un étendard. Par le graveur de l'an 1466.	VI.	36	91
Guerriers (quatre) dans une forêt. Par Lucas de Leyde. . . .	VII.	413	141
Habitans (les) de Rome allumant leurs chandelles auprès d'une courtisanne exposée au milieu			

	Vol.	Pag.	Nro.
d'une place. Copie d'après G. Pencz.	VIII.	346	88)
Hallebardier (le) à cheval. Par B. Beham. . . . . , .	VIII.	104	49
Hallebardier (le) querelleur. Par le maître au monogr. 8. . .	IX.	133	35
Homme armé de toutes pièces, accompagné d'un écu d'armes. Par Aug. Hirschvogel. . , .	IX.	174	14
Homme assis sur un dauphin. 1525. Par B. Beham. . .	VIII.	97	33 et 34
Homme assis sur une souche. Par le même.	VIII.	103	45
Homme (jeune) dormant assis au pied d'un autel antique. Copie d'après J. Bink.	VIII.	279	56
Homme (jeune) nud, armé d'un arc. 1525. Par B. Beham. .	VIII.	98	35
Homme nud, assis, foulant aux pieds un autre homme. Par H. Aldegrever.	VIII.	452	5
Hommes (deux) qui se battent à l'épée. Copie d'après le maître au monogramme 84. . .	IX.	455	58
Hommes (deux) qui s'exercent à se battre au poignard. Par le même.	IX.	455	57
Licorne (la jeune) auprès d'une pucelle. Avec une copie. Par et d'après le graveur de l'an 1466.	VI.	37	93

	Vol.	Pag.	Nro.
Licorne (la) auprès d'une fontaine. Par J. Duvet. . . .	VII.	514	42
Licorne enfonçant sa corne dans un drogon. D'après le même.	VII.	515	44
Licorne (un roi se sauvant pour échapper à une) Par le même.	VII.	514	40
Licorne (le triomphe de la) Par le même.	VII.	514	41
Mère (la) de deux enfans. Par B Beham.	VIII.	101	40
Moine (le) et la religieuse. Pièce libre. Par H. Aldegrever. .	VIII.	413	179
Paysan tenant une fourche. Par B. Beham. . . : . .	VIII.	103	46
Paysan conduisant un cheval où est montée une femme, ayant un enfant en croupe. Copie d'après M. Schongauer. . .	VI.	157	88
Paysan portant un panier rempli d'oeufs. Copie d'après J. Bink.	VIII.	284	70
Paysanne aux deux pots. Par Barthélemy Beham.	VIII.	104	47
Reine debout, tenant un sceptre de la main gauche. Par le maître au monogramme 351.	VI.	54	2
Seigneur à cheval, qui se dirige vers la gauche Par M. Plegink.	IX.	592	10
Singes (deux) enchaînés. Par Isr. de Mecken. , ...	VI.	276	191
Soldats (dix-neuf) à pied, en deux rangées. Par le maître au monogramme Nr. 328. . . .	VI.	65	30

	Vol.	Pag.	Nro.
Soldats (dix-neuf autres) semblables. Par le même. . . .	VI.	65	31
Soldats (les trois). 1525. Par B. Beham.	VIII.	105	50
Sorcières (les trois) Par le même.	VIII.	101	42
Triomphale (l'entrée) P. le même.	VIII.	102	44
Vieillard hideux faisant violence à une femme. Par Durer. .	VII.	102	92

PAYSAGES ET VUES.

	Vol.	Pag.	Nro.
Paysage. 1546. Par Augustin Hirschvogel.	IX.	183	52
Paysage. 1549. Par le même. .	IX.	183	49
Marine. 1549. Par le même. .	IX.	183	50
Paysage. Par le même. . . .	IX.	182	46. 54 et 65
Paysage orné d'un S. Christophe. Par le même.	IX.	183	51
Paysage offrant les villes de Sodome, Gomorre et Tiro. Par le même.	IX.	182	45
Vue du château de Muran. 1549. Par le même.	IX.	192	79
Vues (différentes) de villes, bourgs, villages, et quelques paysages. Suite de quatre-vingt pièces. Par le même.	IX.	181	44

PANNEAUX D'ORNEMENS etc.

	Vol.	Pag.	Nro.
Panneau d'ornemene. Par Barthélemy Beham.	VIII.	107	56

190

	Vol.	Pag.	Nro
Panneau d'ornemens. Par le maître au monogramme 99.	IX.	34	3
Panneau d'ornemens offrant deux Amours. Par B. Beham.	VIII.	106	55
Panneau d'ornemens aux quatre Amours. Par Aldegrever.	VIII.	449	
Panneau d'ornemens arabesques. 1543. Par Hirschvogel.	IX.	198	100
Panneau d'ornemens aux deux enfans debout sur des cuisses de Satyre écartées. Copie d'après H. Aldegrever.	VIII.	446	279
Panneau d'ornemens aux trois enfans debout en triangle. Par B. Beham.	VIII.	106	54
Deux desseins de montans d'ornemens qui peuvent se doubler, sur une même planche. Par D. Hopfer.	VIII.	495	91
Rinceau d'ornemens. Par le graveur de l'an 1466.	VI.	43	110 et 111
Rinceau d'ornemens. Copie d'après M. Schongauer.	VI.	166	116

VIGNETTES.

	Vol.	Pag.	Nro
Vignette aux deux Amours. Par B. Beham.	VIII.	108	58
Vignette aux quatre Amours. Par le même.	VIII.	108	59
Vignette (grande) offrant un centaure et sa femelle. Par D. Hopfer.	VIII.	501	114

	Vol.	Pag.	Nro.
Vignette à un Faune et à une Sirène. D'après J. Bink. . . .	VIII.	291	84
Vignette à la femme chimérique. D'après le maître au monogramme 170. a.	VIII.	313	40
Vignette (grande) offrant deux Sphinx. Par D. Hopfer. .	VIII.	501	115

DIFFÉRENS ORNEMENS, OUVRAGES D'ORFÉVRERIE, ÉDIFICES etc.

	Vol.	Pag.	Nro.
Aiguière. 1543. Par Aug. Hirschvogel.	IX.	194	84
Arc triomphal à trois portes. Par Josse Amman.	IX.	362	16
Cartouche. 1543. Par Augustin Hirschvogel.	IX.	199	104
Compartimens (Morceau en dix) avec divers sujets. Par Aug. Hirschvogel.	IX.	179	36
Gaine (dessein d'une) Copie d'après J. Bink. . . .	VIII.	292	88
Galion (dessein d'un) Par Aug. Hirschvogel.	IX.	201	111
Gobelet avec son couvercle. 1543. Par le même.	IX.	196	90
Gobelet avec son couvercle. 1543. Par le même.	IX.	196	92
Lettres de l'alphabet composées de différentes figures et animaux grotesques. Par le graveur de l'an 1466.	VI.	37	94-109

192

	Vol.	Pag.	Nro.
Ornemens gravés presque au trait. 1543. Par Hirschvogel. . .	IX.	197	97
Perspective (différens desseins de) 1549. Par le même. . .	IX.	206	132
Perspective (dessein de) *Das Aug.* Par le même.	IX.	206	133
Poignée d'un poignard. 1543. Par le même. . . .	IX.	200	105 et 106
Saint Sacrement (partie supérieure d'un) Par Wencesl. d'Olm.	VI.	341	56 et 57
Trépied. 1543. Par Augustin Hirschvogel.	IX.	200	109
Vase à deux anses. 1543. Par le même.	IX.	196	93

ARMOIRIES CONNUS.

	Vol.	Pag.	Nro.
Ecu au double aigle impérial. Par Aug. Hirschvogel. . .	IX.	202,	115
d'Autriche (écusson des armes) entouré de sept autres écus. Par le même.	IX.	202	118
d'Autriche (les armoiries) de Bohème et de Hongrie. Par le même.	IX.	202	117
Baumgartner (les armoiries de Jérôme) Par B Beham. . .	VIII.	107	57
Geyer d'Osterberg (les armoiries de) 1545 Par Hirschvogel. .	IX.	203	122
Herberstein (les armoiries des barons de). Par le même. .	IX.	201	113

	Vol.	Pag.	Nro.
Huetstokher (les armoiries de Seb.) 1546. Par Aug. Hirschvogel.	IX.	201	112
Schwarz (les armoiries d'Etienne). Par le même.	IX.	203	123

ECUS D'ARMES INCONNUS.

	Vol.	Pag.	Nro.
Ecusson d'armes. *Ainer Auf, der ander Abb.* 1550. Par le même.	IX.	202	116
Ecusson d'armes au coq. Par Barthélemy Beham.	VIII.	106	53
Ecu à un homme à mi-corps, tenant un cable. Par Augustin Hirschvogel.	IX.	203	120
Ecu aux instrumens de la passion. Par le graveur de l'an 1466.	VI.	34	88 et 89
Ecu aux deux rocs pointus. Par Aug. Hirschvogel.	IX.	201	114
Ecu écartelé. Par le même.	IX.	202	119 121 126 129
Ecu en bande chargée d'un lion rampant. Par le même.	IX.	204	124

TABLE

des auteurs dont les catalogues d'estampes sont contenus dans les volumes VI, VII, VIII et IX de cet ouvrage, et dont les noms sont connus.

	Volume.	Page.
Aldegrever, Henri.	VIII.	362
Altdorfer, Albert.	VIII.	41
Amman, Josse.	IX.	351
l'Ancre (le maître à).	VI.	394
Andrea, Nicolas.	IX.	512
Beham, Barthélemy.	VIII.	81
Beham, Hans Sebald.	VIII.	112
Beytler, Mathias.	IX.	586
Binck, Jacques.	VIII.	249
Bocholt, François de	VI.	77
Bock, Jérémie.	IX.	598
Bourdons croisés (le maître aux). Voyez Pilgrim.		
Brosamer, Hans.	VIII.	455
Burgmair, Hans.	VII.	197
Caducée, le maître au.	VII.	516
Chrieger, Christophe.	IX.	564
Coriolanus, Joachim Théodoric.	IX.	402
Cranach, Lucas.	VII.	273
Culmbach, Jean de.	VI.	382
Deutsch, Hans Rodolphe Emanuel.	IX.	324
Deutsch, Nicolas Emanuel.	VII.	468

	Volume.	Page.
Durer, Albert.	VII.	5
Duvet, Jean.	VII.	496
l'Ecrevisse, le maître à.	VII.	527
Erlinger, George.	VII.	471
Frig, Louis.	IX.	417
Graf, Urse.	VII.	456
Grun, Hans Baudouin.	VII.	301
Guldenmund, Jean.	IX.	150
du Hameel, Alart.	VI.	354
Hamer, Etienne.	IX.	151
Hanas, Marc-Antoine.	IX.	560
Hirschvogel, Augustin.	IX.	170
Hopfer. D.	VIII.	473
Hopfer, Jérôme.	VIII.	506
Hopfer, Lambert.	VIII.	526
Hornick, Erasme.	IX.	499
Huys, Pierre.	IX.	86
Krug, Louis.	VII.	535
Ladenspelder, Jean.	IX.	57
Lautensack, Hans Sebald.	IX.	207
Leyde, Lucas de.	VII.	331
Licorne, le maître à la. Voyez Duvet.		
Lorch, Melchior.	IX.	500
Mair.	VI.	362
Matheus, George.	IX.	426
Matsys, Corneille.	IX.	97

196

	Volume.	Page.
Maurer, Christophe.	IX.	383
Mayer, Alexandre.	IX.	597
Mecken, Israel de.	VI.	184
Meldeman, Nicolas.	VII.	481
Met, Cor.	IX.	90
Navette, le maître à la.	VI.	90
Negker, Josse de.	VII.	243
Nero.	IX.	48
Pencz, George.	VIII.	319
Pilgrim, Jean Ulric.	VII.	449
Pleginck, Martin.	IX.	590
Resch, Wolfgang.	VII.	473
Schaufelein, Hans.	VII.	244
Schön, Erhard.	VII.	475
Schongauer, Martin.	VI.	103
Siebmacher, Jean.	IX.	595
Solis, Virgile.	IX.	242
Specklin, Daniel.	IX.	589
Springinklée, Hans.	VII.	322
Stalburch.	IX.	476
Star, Thiery van.	VIII.	26
Stimmer, Tobie.	IX.	330
Strauch, Laurent.	IX.	599
Weinher, Pierre.	IX.	551
Wenceslas d'Olmutz.	VI.	317
Worms, Antoine de.	VII.	488
Zundt, Mathias.	IX.	530

TABLE ALPHABETIQUE

DES

MONOGRAMMES

DES

VIEUX MAITRES ALLEMANDS,

DONT

LES CATALOGUES D'ESTAMPES SONT
CONTENUS DANS LES VOLUMES VI, VII,
VIII ET IX DE CET OUVRAGE.

Les monogrammes gravés en bois, qui se trouvent
à la tête de chaque maître, ne servant proprement
que pour faciliter l'usage de notre ouvrage, nous avons
cru devoir les faire aussi graver en cuivre pour leur
rendre, par ce moyen, toute l'exactitude de leur
forme et le fini de leur détail, que l'on ne peut guère
attendre de la taille de bois la plus soignée et la plus
adroitement exécutée. Ces monogrammes sont accom-
pagnés de toutes les modifications et variations de forme, que nous avons trouvées sur les ouvrages des maîtres qu'ils désignent. Rangés par ordre alphabétique,
ils servent en même temps d'Index indispensable pour
trouver avec facilité les différens maîtres répartis par
ordre chronologique dans les quatre volumes de l'ouvrage. Le numéro marqué à la gauche de chacun de
ces monogrammes répond à celui ajouté à la marque
placée dans l'ouvrage même, à la tête de chaque maître, les deux autres numéro, qui sont à la droite,
désignent le volume et la page.

A

No.	Note	Vol.	Page
1.	✕ A ✕ 1579 ✕	IX.	549.
2.		VII.	473.
3.	*Mentionné.*	IX.	533.
4.		VIII.	540.
5.	*Voyez* 111.		
6.		VIII.	41.
7.	rd.21	IX.	529.
8.		IX.	117.
9.	(a.)	VII.	5.
10.	*Voyez* 170. *Mentionné*	IX.	381.
11.		VIII.	362.
12.	156z	IX.	482.
13.		IX.	589.
14.		IX.	492.

No.	Monogram		No.	Page
15.	⚹		IX.	40.
16.	⚹ . ⚹ . MDXXXV		IX.	38.
17.	⚹ (M)		IX.	597.
18.	⚹		IX.	50.
19.	⚹ . ⚹		IX.	515.
20.	⚹		VIII.	537.
21.	⚹		IX.	239.
22.	⚹		IX.	580.
23.	AC.		IX.	166.
24.	A.Ɔ.		IX.	532.
25.	⚹		VIII.	539.
26.	⚹		IX.	550.
27.	AƆ . AG		VI.	344.
28.	⚹		IX.	576.

B.

No.		Vol.	Page
29.	♄	VII.	448.
30.	BAD	IX.	51.
31.	BB — BP	VIII.	81.
32.	BP. 1571	IX.	544.
33.	CB	XI.	487.
34.	BG	IX.	575.
35.	H	IX.	42.
36.	H.B. H	VI.	398.
37.	B. BH. BH. BH. BHB. BI. BH	IX.	532.
38.	BH	IX.	485.
39.	BSB	IX.	545.
40.	BM. BHM. BA	VI.	392.
41.	BP	VIII.	20.

N°	Marque	Vol.	Page
42.	B R	VI.	394.
43.	b ⍺ 8	VI.	68.
44.	B — HB	IX.	424.

C.

CB. *Voyez 33.*

N°	Marque	Vol.	Page
45.	C·B· . CB.	VIII.	533.
46.	CB.	IX.	431.
47.	C Lugd. B.	IX.	44.
48.	CF. 1595.	IX.	584.
49.	CF }	IX.	425.
50.	CG.	IX.	16.
51.	CG.	IX.	399.
52.	CH.	VII.	494.
53.	CI. ɔI.	IX.	404.
54.	CK.	IX.	37.

55.	CL	IX.	435.
56.	CM	IX.	490.
57.	{ CM . M . MM . CM .	IX.	417.
58.	CA	IX.	97.
59.	CM . *Voyez 222.* *Mentionné*	IX.	391.
60.	COR·MET	IX.	90.
61.	CR	VI.	474.
	CS . *Voyez 103.*		
62.	CS	IX.	558.
63.	CS . cs . ·C·S· . CS . CS .	IX.	412.
64.	CC	VIII.	8.
65.	CT CT	IX.	152.

D.

66.	DG	IX.	421.
67.	DH	IX.	432.

68.	D ♣ H	IX.	473.
69.	DK. DK	IX.	392.
70.	DR	IX.	398.
71.	DR	IX.	495.
72.	SI	IX.	479.
73.	E	IX.	573.
74.	N	IX.	162.
75.	D'☆V	VIII.	26.

E.

76.	EA 1506	VI.	416.
77.	EC	VIII.	5.
78.	E.H. H	IX.	499.
79.	H	IX.	240.
80.	E . E	VII.	475.

81.	𝕮. 1266 𝕬. ·𝕮·1·2·6·∧·𝕾· 𝓮·1·2·6·∧·𝕾· 𝕮𝕾. 𝕯𝕾. 𝕯	VI.	1.

F.

82.	F	VI.	399.
	F. *Voyez* 293.		
83.	FA	IX.	481.
84.	FB. FB	IX.	443.
85.	FB	IX.	84.
86.	FG. FG. FG. FG. FG	IX.	24.
87.	FH	IX.	89.
88.	FL	VIII.	12.
89.	FO	IX.	415.
90.	f⸸S	VI.	66.

91.	F ∨ B	VI.	77.
92.	F T	IX.	547.
93.	F. W. D	IX.	548.

G.

	GB. *Voyez* 46.		
94.	GD	IX.	17.
95.	GS	VII.	472.
96.	GF. *Voyez* 86.		
97.	G · G	IX.	428.
98.	G GDH H	IX.	494.
99.	GKP. GKP	IX.	33.
100.	ĠL	VII.	487.
101.	GL. G·L·	IX.	434.
102.	GG. GD. GP	VIII.	319.
103.	GS. GS	IX.	160.

104.	GS. — GS. G+S. G S. GS.	IX.	439.
	N. *Voyez* 318.		
105.	GW. G·W. GW. CW. GW.	IX.	164.

H.

106.	H	IX.	419.
107.	AH	IX.	81.
108.	HAB .... *Mentionné*	IX.	549.
109.	WF	IX.	170.
110.		IX.	431.
111.	*(a)* Hammel *(b)* HAMEL *(c)* bofche *(d)*	VI.	354.

111.	*(e)* Mart · zu Hammen *(f)* S'HERTOGHEN BOSCHE ⚥ *(g.)*	VI.	354.
112.	HB.	VIII.	455.
113.	HB.	VIII.	536.
114.	H·B·	VII.	197.
115.	HB	IX.	41.
116.	HB . HB . IcB	VIII.	249.
117.	h · c · z · R ·	VII.	495.
118.	BH	IX.	579.
119.	HE	IX.	42.
120.	HL . HE	IX.	565.
121.	HF . HF . HF	VII.	452.
122.	HF	VIII.	19.

123.	H̄F 1572	IX.	546.
124.	HF ⊥	IX.	475.
125.	HG	IX.	436.
126.	HGB . HGB . HGB	VII.	301.
127.	HGF	IX.	49.
128.	{ H·H . HH . H⊷H	IX.	408.
129.	◆HHF▲	IX.	400.
130.	HLLS	VI.	406.
131.	HsE	IX.	486.
132.	HSB	IX.	239.
133.	HIW ⬯	IX.	404.
134.	HK 60	IX.	433.
135.	HK . HK	VII.	493.
136.	HK	IX.	401
137.	HK	VII.	484.

N°	Monogramme	Vol.	Page
138.	HL . . . . *Mentionné*	VII	466.
139.	H. 1558	IX	473.
140.	H·L . HℓL . [monogramme sur banderole « HL »] [HL]	VIII	35.
141.	HM	IX	79.
142.	{ HM VP . . . . { inve	IX	85.
	{ HB . *Voyez 44.* { [symbole]		
143.	HÆ	IX	21.
144.	HNF . NF	IX	581.
145.	HK . HK	VIII	538.
146.	HR	VIII	5.
147.	[H] [H] . .	IX	237.
148.	h✶r . S✶r	VI	409.
149.	⁷HR . . . . *Mentionné*	IX	388.
	HR . *Voyez 282.*		

N°	Marks	Vol.	Page
150.	HR·MD. HR MD . HR MD . PMD RMD	IX	324.
150 a	HS	IX	425.
151.	HS	IX	582.
152.	HT	IX	526.
153.	HI HSI (a.)	VI	386.
154.	HSI . HS . HSI . SH . HS . HS . sH. H S	VII	244.
155.	HSB . HSP	VIII	112.
156.	HSD	IX	545.
157.	HSD	IX	395.
158.	HSF	IX	232.
159.	HSK HK	VII	322.

№	Mark		Ref.	Page
160.	ISL DÆ		IX.	207.
161.	(monogram)	Voyez 286.		
162.	HW (monogram)		IX.	546.
163.	HV		IX.	52.
164.	(gothic marks)		VI.	312.
165.	HW		VI.	415.
166.	H W. H. [HW]		IX.	441.
167.	HW (monogram)		IX.	518.
168.	HW		VII.	466.
169.	H✶W. H✗W. H✦W.		VII.	470.
170.	*I.* N.B. IA. (monograms) . CH. M. IA. / IA. H A. (monogram) . IA2		IX.	351.
170 a	I.B.		VIII.	299.
171.	I [shield] C. IC		VI.	382.

	₵ *Voyez 53.*		
172.	(ID)	VII.	496.
173.	ID . 1530	VIII.	540.
174.	IF	VIII.	24.
175.	I G	IX.	406.
176.	ℑ . ℑ . ALION, ℑ	IX.	143.
177.	₵	VIII.	6.
178.	I · H	VIII.	506.
179.	IK . I·K . K . K̓	IX.	157.
180.	IⱮⱯ	VII.	444.
	I M . *Voyez 192.*		
181.	I · A̅ . · · · I A̅ M · I · M · I A̅ M · · · Zwoſt.	VI.	90.

182.	IMS. IMS. I·M·S·	VII.	546.
183.	·I·S· 1534	IX.	38.
184.	15·I·S·64	IX.	498.
185.	I S	VI.	314.
186.	$. $R	IX.	419.
187.	$	VII.	543.
188.	d n	VII.	243.
189.	·*·I· ·T· ·B·	IX.	150.
190.	ITCF. ITCFB	IX.	402.
191.	lo V	VII.	449.

I·M·

I IM

·I·V·M·

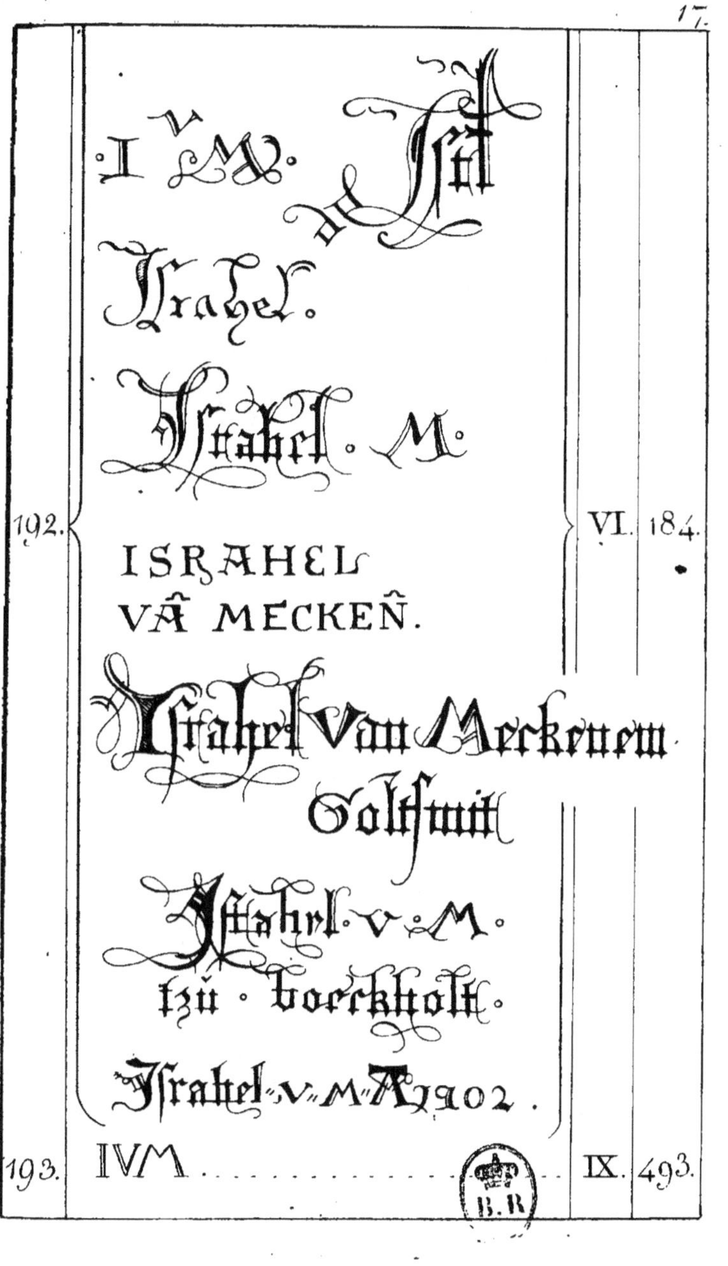

192.

VI. 184.

193. IVM . . . . IX. 493.

L.

194.	L		IX.	10.
195.	L		VII.	331.
196.			VII.	447.
197.	L D		IX.	43.
198.	LB	*Mentionné*	VII.	226.
199.	LVC. LC		VII.	273.

No.	Marque		Vol.	Page
200.	LC3S. LCZ		VI.	361.
201.	[1539 L⚭D dans un cadre]		IX.	82.
202.	LF. LF‡		IX.	416.
203.	L H. H		VIII.	526.
204.	L K		VII.	535.
205.	L H		VII.	542.
206.	LV	Mentionné	IX.	37.
207.	LVDWIG. FRIG.G.C. [dans un cadre]		IX.	417.

M.

No.	Marque		Vol.	Page
208.	M*	Mentionné	IX.	86.
209.	M		VI.	315.
210.	M		VI.	412.
211.	M		VII.	475.

212.	M	IX.	548.
213.	AM . AM . AM . M	IX.	496.
214.	MF . AM	IX.	516.
215.	M	IX.	397.
216.	MAIR	VI.	362.
217.	AM	IX.	80.
218.	MR	IX.	517.
219.	MB	IX.	586.
220.	MB . MB	IX.	413.
221.	AM ✝	VI.	314.
	CM . *Voyez* 57.		
	M . *Voyez* 57.		
222.	M *urer* . CM . CM . SM SM . CM . CM .	IX.	383.
223.	DM	IX.	420.

224.	MF		IX.	520.
225.	MF		IX.	424.
226.	IVF	*Mentionne*	VII.	130.
227.	MGI		IX.	585.
228.	MG		IX.	158.
229.	MG		IX.	423.
230.	M·H		IX.	161.
231.	MH MF		IX.	407.
232.	ME		IX.	565.
233.	ME		IX.	15.
234.	MF		IX.	14.
235.	MH		IX.	84.
236.	TM		IX.	560.

N°	Marque		Tome	Page
237.	ꟿK		IX.	430
238.	M . M . M F . M L . M L. 15 50 M		IX.	500
239.	LT		IX.	420
240.	EM	*Mentionné*	IX.	388
241.	M . ML		IX.	154
242.	M		IX.	83
243.	NP . NP		IX.	590
244.	R . R . R . P		IX.	567
245.	MR . MR		VI.	413
246.	M+S . M+S		VI.	103
247.	ꟿ		IX.	68
248.	(écusson)		VIII.	22

249.	⌒⌒ (monogram)	VII.	474.
250.	MW	IX.	434.
251.	M3	VI.	371.
252.	MZ. MZ	IX.	527.

N.

253.	NA (F above)	IX.	512.
254.	AR (in shield)	VII.	545.
255.	NH · N·H ·	VII.	547.
256.	NH (dagger below)	VII.	545.

NF *Voyez* 144.

257.	NM. NM	VII.	481.
258.	NVD. VMD. ND. VMD. VMD VON BERNN.	VII.	468.

№			
250.	[monogram]	IX.	562.
260.	ИОЕ Ꝺ	VIII.	10.
261.	И·Г·И·	VII.	542.
262.	ИS	VII.	494.
263.	NS	IX.	231.
264.	[monogram]	VII.	544.
265.	·N· Nw. NW. NwM / NwM W. NwM	VIII.	543.

P.

№			
266.	·P·F· PF	IX.	162.
267.	PG. PG	IX.	233.
268.	P·H·	IX.	86.
269.	PH Ride	IX.	489.
270.	P·L	VII.	455.
271.	PK	IX.	562.

272.	P M		VI.	415.
273.	PM:		VIII.	19.
	PM. *Voyez* 244.			
	PM. *Voyez* 242.			
274.	PR		IX.	436.
275.	R		IX.	547.
276.	·PS·	*Mentionné*	VIII.	468.
277.	PVL . P&Lr . PVL		VIII.	24.
278.	Pw		VI.	309.
	R.			
279.	R		VIII.	541.
280.	RA		IX.	156.
281.	R.B . R∀B		IX.	5.

	Æ . *Voyez* 79.		
282.	⫴ . ⫴ . ⊢R	IX.	488.
283.	RK	IX.	575.
284.	R K F	IX.	241.
	PMD . *Voyez* 150.		
	R . *Voyez* 275.		
285.	RR	VIII.	551.
286.	SÆ	IX.	232.
287.	Rw	IX.	168.

S.

288.	S . S . S	VIII.	13.
289.	S	VIII.	10.
290.	S	VIII.	11.
	S . *Voyez* 260.		
291.	BS	VIII.	9.

292.	(SF). SF	IX.	401.
293.	SF. SF. S.HF. F.	IX.	419.
294.	SG	IX.	438.
295.	SⱭH. S.ⱭH	VI.	391.
296.	SFG	IX.	518.
297.	SI	VII.	492.
298.	SI	IX.	423.
	Φ. *Voyez* 177.		
	S ✝ r. *Voyez* 148.		
299.	SS	VI.	408.
300.	SO	VIII.	21.
301.	STALBVRCH	IX.	476.
302.	SF. SFiy	IX.	330.
303.	STym:	IX.	559.
304.	S W	VIII.	7.

T.

305.	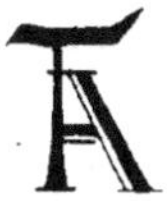	VII.	487.
	T··B. *Voyez 189.*		
306.	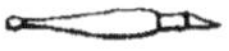 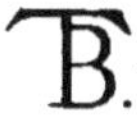	IX.	437.
307.	TB. . 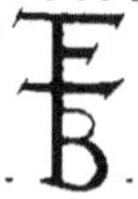	IX.	522.
308.	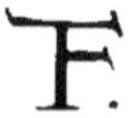	IX.	481.
309.	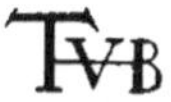. 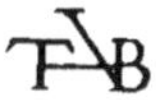	IX	524
310.	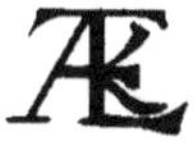	IX.	406.
	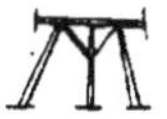. *Voyez 247.*		
	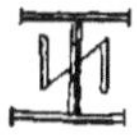. *Voyez 264.*		
	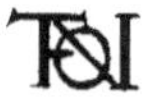. *Voyez 259.*		
311.	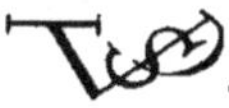	IX.	525.
312.	TW	VI.	311.
313.	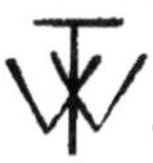. *Voyez 345.*		
314.	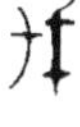 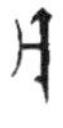 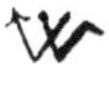	VI.	411.

V.

315.	VE	IX. 422.
316.		IX. 67.
317.		IX. 57.
318.	V G.	IX. 22.
319.	VH	IX. 475.
	. *Voyez* 248.	
	VMD. *Voyez* 258.	
320.		IX. 577.
321.	V G	VI. 390.
322.	*a* *b* *c* *d* *e* *f* *g* *h* *i*	VII. 456.
323.	V S. VS.	IX. 242.

	[monogram] . *Voyez* 311.		
324.	V. W.	IX.	564.
	W.		
325.	w. W. / 1281 / WENCESLAVS · DE · OLOMVCZ · / IBIDEM.	VI.	317.
326.	[monogram W]	IX.	53.
327.	[monogram]	VII.	455.
328.	[monogram] ⚥	VI.	56.
329.	[monogram]	VII.	488.
330.	a) [monogram] P.W.VB. C.S. inue. 1581 / b) dedicabat [monogram] D. B. Waradinus. / d) P. W. B[monogram]V. V. B. / c) [monogram] e) [monogram]	IX.	551.

N°	Marque	Vol.	Page
331.	W (monogram)	VIII.	18.
332.	W, C, I, E, F	IX.	578.
333.	DWB (monogram)	IX.	500.
334.	▴W▴H▴	VII.	485.
335.	W·H (monogram)	IX.	421.
336.	W⋏H. W⋏H	VI,	400.
	HS W (monogram) . *Voyez* 162.		
337.	W	VII.	470.
		Mentionné	
338.	W	IX.	53.
339.	Ψ (monogram)	IX.	168.
340.	OW (monogram)	VI.	316.
341.	WR	IX.	170.
342.	WR (monogram)	IX.	427.
343.	1547 ·W·S (cartouche)	IX.	396.

344.	W·S. W·S		IX.	574.
345.	W (monogram)	Mentionné	VII.	453.
	(monograms). Voyez 314.			
346.	W W	Mentionné	IX.	561.
347.	W W		IX.	478.

X.

| 348. | Æ | | IX. | 422. |

Z.

| 349. | W (monogram) | | IX. | 561. |

33

Marques figurées.

350.		Mentionné	VI.	33.
351.			VI	53.
352.		Mentionné	VI.	18.
353.			VI.	397.
354.			VII.	471.
355			IX.	427.
356.			VI.	413.
357			VII.	527.
358.			VII.	516.
359.		Mentionné	IX.	425.

www.ingramcontent.com/pod-product-compliance
Lightning Source LLC
LaVergne TN
LVHW021542170726
843501LV00004B/1166